MINCED MEAT RECIPES

衝撃的においしいひき肉レシピ

田中伶子クッキングスクール校長
中村奈津子

はじめに

仕事に子育てに忙しかった母が作ってくれたのは
手間いらずでおいしくできるひき肉料理でした

仕事に家事に育児に、大忙しだった母が、私たち姉妹によく作ってくれたレシピのひとつに、この本でも紹介したひき肉じゃが（40ページ）があります。本来、牛や豚の薄切り肉で作るところをひき肉で作ったのは、手間も時間も減らし、それでいておいしく作るための母なりの工夫だったのでしょう。

母は60年前、下北沢に「田中伶子クッキングスクール」を開校。のちに銀座に移転させ、校長として直接多くの家庭料理を伝えながら、クッキングスクールを運営してきました。書籍や雑誌でレシピを発表する料理研究家としての仕事も並行させていたことを思うと、目の回るような毎日だったことは間違いありません。

今は私がスクールを継ぎ、規模は多少縮小しましたが、生徒さんたちに長く人気のあるレシピも含めてレッスンを続けています。

実習できる料理教室
60年間このスタイルです

1・2・3 授業の前に材料などを準備し、わかりやすく並べておく。レシピテキストも用意。レッスン中の生徒さんとの距離の近さが田中伶子クッキングスクールの特徴。**4** 実習を終えたら奥のテーブルで試食する。**5** スクールのレシピをまとめた料理本も多数出版された。

> ひき肉料理は
> バラエティ豊か!
> 時短でできるのも魅力

6 ひき肉にら玉（P.49）はたっぷり炒めたひき肉を卵液に混ぜる。**7** エスニックな香りが食欲をそそるタイ風サラダ（P.93）はひき肉と野菜をよく混ぜて召し上がれ。**8** 肉じゃが（P.40）もひき肉を使えば時短調理で完成。**9** 自由に成形できるのがひき肉の便利なところ。小さく丸めてシュウマイ（P.30）に。

あらためてひき肉料理は最高にラクと実感。
家庭料理に欠かせない素材です

2023年に『衝撃的においしい鶏むねレシピ』を出版してから、私の頭に思い浮かんだ便利な素材が「ひき肉」。切る必要がなく、パックから出してそのまますぐ煮たり、焼いたりできる、こんなに使い勝手がいい肉はありません。さらに、ちょっと手をかけ、練って好きな形にすれば、おもてなしにもなるごちそうができます。

この本の試作や撮影を通じて実感したのが、ひき肉料理は最高にラクということ。肉を切らないので、まな板や包丁などを洗う手間がグッと減少。火の通りが早く、味が入りやすいのも時短につながります。私が現在住んでいるアメリカだけでなく、中華、エスニック、和食と世界中で幅広く使われているのもうなずけます。

私がよく作るのはミートクリームパスタ（10ページ）、中華そぼろ（19ページ）、紅焼獅子頭（32ページ）など。みなさんにも気に入っていただけるとうれしいです。

中村奈津子

CONTENTS

1
CONVENIENT SOBORO IDEAS
便利そぼろストック

- 10 **洋そぼろ**
  ミートクリームパスタ
- 12 ミートコロッケ
  ズッキーニの肉詰めグラタン
- 13 ひき肉コブサラダ
  ひき肉ピザトースト
- 14 **和そぼろ**
  かぼちゃのそぼろあんかけ
- 16 鶏そぼろ丼／そぼろ卵焼き
- 17 ひき肉炒り豆腐
  油揚げそぼろはさみ焼き
- 18 **中華そぼろ**
  担々麺
- 20 ジャージャー麺／細春巻き
- 21 中華冷や奴
  中華そぼろといんげん炒め

2
ENTREES
おかず＆主食

- 24 麻婆豆腐
- 26 麻婆春雨
- 27 中華野菜炒め
- 28 餃子
- 30 シュウマイ
- 31 白菜の仏手煮
- 32 紅焼獅子頭
- 34 肉だんごあんかけ
- 36 豚ひき肉の中華茶碗蒸し
- 37 ひき肉とトマトの卵炒め
- 38 ひき肉炒飯
- 39 ひき肉焼きそば
- 40 ひき肉じゃが
- 42 鶏つくね照り焼き
- 44 豆腐の肉詰め
- 45 しいたけの肉詰め揚げ
- 46 和風ハンバーグ
- 48 ひき肉きんぴらごぼう

〈本書の決まりごと〉
- 本書のレシピは主に2人分ですが、4人分または作りやすい分量のものもあります。
- 小さじ1は5㎖、大さじ1は15㎖、1カップは200㎖、米1合は180㎖です。
- 塩ゆでの塩の分量は材料に記載していません。オリーブオイルは、エキストラ・バージン・オリーブオイルを使用しています。
  洋風スープ、中華スープは、それぞれ市販の洋風スープの素、中華スープの素、鶏ガラスープの素などを利用することができます。
  商品パッケージの表記を目安に調整してください。
- しょうが1かけ、にんにく1片とは、親指の先くらいの大きさを目安にしています。
  野菜は特記がない限り、皮をむいてからの調理を書いています。
- コンロや電子レンジ（本書は600Wを使用）の火加減や加熱時間は目安です。オーブンはガスオーブンを使用した場合のレシピです。
  いずれもお使いの機種によって差がありますので、様子を見て適宜調節してください。

49	ひき肉にら玉
50	肉だんごの紅白もち米蒸し
52	肉だんごと大根の甘煮
53	ひき肉すき焼き
54	ひき肉納豆丼
55	ひき肉五目炊き込みご飯
56	ドライカレー
58	スパゲッティ・ミートソース
60	ラザニア
61	パルマンティエ
62	ミートオムレツ
63	ピーマンの肉詰め
64	ふわふわチキンナゲット
65	ひき肉カレーライス
66	ハンバーグ
68	ミートローフ
70	ひき肉チキンライス
71	鶏ひき肉ピラフ
72	ガパオライス
74	パッタイ
75	シンガポールビーフン
76	ナシゴレン
77	チリコンカン

3

APPETIZERS, SALADS AND SOUPS

おつまみ・
サラダ・スープ

88	ひき肉納豆キムチ炒め
89	れんこんはさみ揚げ
90	なすのそぼろ田楽
	そぼろのレタス包み
91	そぼろひじき煮／豚みそ
92	サモサ風おつまみ／タコス
93	ケバブ風スパイシーロースト
	タイ風サラダ
94	鶏だんごスープ／ワンタンスープ
95	豚ひき肉蒸しスープ
	ひき肉ミネストローネ

MASTERING MINCED MEAT: TIPS FOR DELICIOUS DISHES
ひき肉をおいしく食べこなすコツ

06	1	下ごしらえ
07	2	保存の方法
08	3	成形の方法

COLUMN 2

MEATBALLS
肉だんごのバリエーション①　ミートボール

78	ミートボールのミラノ風トマト煮込み
79	ミートボールのクリームシチュー
	ミニスコッチエッグ

CABBAGE ROLLS
肉だんごのバリエーション②　ロールキャベツ

82	ロールキャベツ
	トマトロールキャベツ
83	和風ロールキャベツ
	焼きロールキャベツ

COLUMN 1

4 TYPES OF MINCED MEAT
ひき肉4種類の特徴

22	牛ひき肉／豚ひき肉／ 鶏ひき肉／合いびき肉

MASTERING MINCED MEAT:
TIPS FOR DELICIOUS DISHES

ひき肉をおいしく食べこなすコツ

下ごしらえが簡単で、料理の幅が広いひき肉。
世界中で人気の素材ですが、意外にクセがあったり、傷みやすかったりという弱点もあります。
ひき肉をよりおいしく食べこなすためのちょっとしたコツをまとめました。

1 下ごしらえ

かたまり肉や薄切り肉に比べると、肉特有のにおいが気になることが多いひき肉。臭みを消すだけでなく、よりおいしくする方法をご紹介します。

焼きつける

最初に焼き色がつくくらいしっかり焼きつけておくことで、ひき肉の臭みを取る。生っぽいところを残さず、全体に火を通す。

スパイスを使う

強めの香りがあるスパイス類を使うのも、ひき肉の臭み対策に効果的。写真はクミン、ナツメグ、こしょう。

香味野菜を使う

しっかりした風味をつける香味野菜も、気になるにおいを抑えられる。写真はしょうが、にんにく、長ねぎ。

発酵食品を使う

発酵食品は独特の強い香りがあるものが多いので、ひき肉の臭みが気になりにくくなる。写真はキムチ、みそ、納豆。

脂をふき取る

ひき肉の臭みの多くは、脂に由来するもの。炒めたときに出た余分な脂をキッチンペーパーでふき取ったり、捨てたりして除く。

下味をつける

ひき肉そのものに味をつけると、その後の味つけとつながり、味が決まりやすくなる。成形しない場合は、練らずに混ぜるだけでOK。

2 保存の方法

ひき肉は、空気に触れる表面が多いので、傷みやすい素材。新鮮なものを選んで、買った日に調理して使ってしまうのが理想ですが、冷凍して保存する方法もあります。

冷やしながら持ち帰る

温度が上がると傷みやすくなるので、買い物をして持って帰るときは、保冷剤をあてて保冷バッグに入れると安心です。特に暑い日やスーパーから家に直行できないときにおすすめ。家に着いたらすぐに冷蔵庫に入れるのも忘れないで。

冷凍して保存する

多めに買ったり、余ったりして、すぐ使わない場合は、冷蔵ではなく冷凍して保存しましょう。冷凍庫で2週間ほど保存できます。

1　使いやすい分量に小分けして、ラップに包む。冷気が行き渡りやすいように、均一に薄めにするのがコツ。
2　2つ以上詰める場合は重ならないようにジッパーつき保存袋に入れて密閉し、冷凍庫に入れる。

解凍する方法

冷凍は素早く、解凍はゆっくりが、冷凍保存の基本。避けたほうがよい解凍法もあるので、頭に入れておいてください。

左／使う前日に、冷凍庫から冷蔵庫に移しておくとムラなく解凍できる。急ぐ場合は、電子レンジの解凍モードを使っても。右／冷蔵庫解凍より早くできるが、室温において解凍するのはNG。解凍される過程で細菌が繁殖する危険があるので避けて。

便利そぼろにして保存する

すぐに使わないときは、とりあえずそぼろを作って保存する方法も。「便利そぼろストック」（9ページ〜）で洋風、和風、中華風の3種類のそぼろを紹介しています。もちろん味も絶品！

洋そぼろ
\>\> 作り方は11ページ

和そぼろ
\>\> 作り方は15ページ

中華そぼろ
\>\> 作り方は19ページ

3 成形の方法

そのまま加熱してパラパラのまま使うだけでなく、練り混ぜて好きな大きさ、形にできるのもひき肉の魅力。肉だんごやハンバーグ、つくねなど料理の幅がグッと広がります。

成形する前によく練る

ひき肉は、粘りが出るまでよく練り混ぜて肉の組織をつないでおくと、成形して加熱したときにパラパラになりません。

1 指を広げてひき肉全体をぐるぐるとまんべんなく練り混ぜる。
2 ひき肉の粒が完全につぶれて、全体に粘りが出るまで混ぜ終わった状態。

先に調味料を混ぜる

料理やひき肉の量によりますが、野菜などを混ぜる前に調味料を混ぜて、まんべんなく味を行き渡らせ、同時によく練っておきます。

1 調味料を加え、よく練り混ぜる。成形せず、下味をつけるだけなら練らなくてOK。
2 刻んだ野菜類などはあとから加えて、まんべんなく混ぜ合わせる。

指を使って混ぜる

手のひらではなく広げた指を使って混ぜると、手の熱が伝わりづらいので、肉だねが傷みにくくなります。特に肉だねを保存するときにおすすめ。

左／指を広げて力を入れ、指先を使ってよく練り混ぜる。右／手のひら全体を使って、こねるように混ぜるのはNG。

1

CONVENIENT
SOBORO IDEAS

便利そぼろ
ストック

ひき肉といえば、味がしみたそぼろが人気。
洋風、和風と中華風の3タイプのそぼろと、
それを活用したレシピも紹介します。
買ったものの、すぐ使い道がないとき
とりあえず、このそぼろを
作っておくのも便利です。

ITALIAN STYLE SOBORO

洋そぼろ

合いびき肉にマッシュルームを合わせた、洋風のそぼろ。
塩とバターのシンプルな味わいなので、洋風のレシピに
幅広く使えます。パンやパスタとの相性も抜群！

CREAMY MINCED MEAT PASTA
ミートクリームパスタ

洋そぼろの材料（作りやすい分量）
合いびき肉　400g
玉ねぎ　1/2個
マッシュルーム　4個
にんにく　1片
A｜塩　ひとつまみ
　｜こしょう　少々
バター　大さじ1
塩　小さじ2/3
こしょう　少々

ミートクリームパスタの材料（2人分）
洋そぼろ　100g
スパゲッティ　120g
生クリーム　1カップ
塩・こしょう　各少々
パルメザンチーズ（すりおろし）　適量
イタリアンパセリ　適量

> フライパンひとつでできる超絶簡単パスタ。洋そぼろが味の決め手。

1　洋そぼろの材料

合いびき肉にAを混ぜて下味をつける。玉ねぎ、マッシュルーム、にんにくはみじん切りにする。

2　ひき肉を焼いて取り出す

フライパンを中火で熱し、ひき肉を入れて広げ、焼きつける。焼き色がついたら返して同様に焼いてざっとほぐし、取り出す。

3　野菜を炒め、ひき肉を戻す

フライパンで玉ねぎ、マッシュルーム、にんにくを中火で炒め、しんなりしたらひき肉を戻し、ほぐしながら炒める。バター、塩、こしょうを加える。洋そぼろの完成。

4　ミートクリームパスタを作る

フライパンにたっぷりの湯を沸かして塩大さじ1（分量外）を加える。スパゲッティを入れて袋の表示時間より2分少なくゆでて、ゆで汁を捨てる。ゆで汁は少々残っていてOK。生クリームを加えて中火にかける。

5　そぼろを加える

さらに洋そぼろを加えて混ぜながら、パスタがアルデンテになるまで煮からめる。塩、こしょうで味を調える。器に盛り、パルメザンチーズをふってイタリアンパセリを添える。

洋そぼろの保存法

密閉できる保存容器に入れ、冷蔵庫で3日間保存できる。冷凍する場合は、ラップに包み、冷凍庫で2週間ほど保存できる。

洋そぼろを使って

MEAT CROQUETTE

STUFFED ZUCCHINI GRATIN

ミートコロッケ

じゃがいもはレンチンでOK。コロッケも簡単に。

材料（4個分）
洋そぼろ（P.11）　100g
じゃがいも　2個
塩　小さじ1/3
こしょう　少々
A｜薄力粉　50g
　｜卵　1個
　｜水　大さじ1〜1と1/2
パン粉　適量
クレソン　適量
トマトケチャップ　大さじ2
ウスターソース　大さじ1
揚げ油　適量

1　じゃがいもは皮をむかずにラップで包み、電子レンジで4分ほど加熱する。取り出して熱いうちに皮をむき、フォークなどで粗くつぶす。
2　じゃがいもに洋そぼろを混ぜて塩、こしょうで味を調え、4等分にして小判形にまとめる。Aを混ぜたもの、パン粉の順にまぶして衣をつける。
3　揚げ油を170℃に熱し、2を色よく揚げる。器に盛り、クレソンを添える。好みでケチャップとウスターソースを混ぜてかける。

ズッキーニの肉詰めグラタン

カリッと焼いて野菜をおいしくいただきます。

材料（2人分）
洋そぼろ（P.11）　70g
ズッキーニ　1本
トマトソース（市販）　大さじ3
ピザ用チーズ　40g
塩・こしょう　各適量
オリーブオイル　適量

1　ズッキーニは縦半分に切り、種の部分をスプーンでくりぬき、くりぬいた部分はとっておく。ラップをして電子レンジで3分ほど加熱する。
2　くりぬいたズッキーニはみじん切りにし、洋そぼろ、トマトソースと合わせ、塩・こしょう各少々で味を調える。
3　1のズッキーニの水けをふき、塩・こしょう各少々をふって2をのせる。オリーブオイルをかけてピザ用チーズをふり、オーブントースターでチーズが溶けて薄く焼き色がつくまで焼く。

COBB SALAD
WITH MINCED MEAT

PIZZA TOAST
WITH MINCED MEAT

ひき肉コブサラダ

シンプルな洋そぼろなのでサラダにもぴったり。

材料（2人分）
洋そぼろ（P.11）　120g
アボカド　1/8個
ミニトマト　6個
グリーンカール　3枚
ホールコーン（缶）　60g
シュレッドチーズ（サラダ用）
　20g
酢　適量

ドレッシング
プレーンヨーグルト・
　マヨネーズ　各50g
白ワインビネガー
　小さじ1
塩　小さじ1/4
こしょう　少々

1　アボカドは1.5cm角に切り、酢をふっておく。ミニトマトは縦4つ割りにする。グリーンカールは食べやすい大きさにちぎる。ホールコーンは汁けをきる。
2　ドレッシングの材料はすべてよく混ぜる。
3　器にグリーンカールを敷き、洋そぼろ、アボカド、ミニトマト、ホールコーン、シュレッドチーズを盛り、ドレッシングをかける。

ひき肉ピザトースト

洋そぼろとピザソースを合わせてトーストに。

材料（2人分）
洋そぼろ（P.11）　100g
食パン（6枚切り）　2枚
玉ねぎ（小）　1/8個
ピーマン　1/2個
ピザソース（市販）　大さじ3
バター　10g
ピザ用チーズ　60g

1　玉ねぎは薄切りにする。ピーマンは横に薄切りにし、種を除く。
2　食パンにバターを塗る。洋そぼろにピザソースを混ぜて食パンにのせる。玉ねぎとピーマンをのせ、ピザ用チーズをふる。
3　チーズが溶けるまでオーブントースターで焼く。

JAPANESE STYLE SOBORO

和そぼろ

昔ながらの懐かしい味わいの和そぼろ。
あったかいご飯にかけるだけでごちそうに。
おにぎりにしても人気まちがいなし。

SIMMERED PUMPKIN WITH MINCED MEAT SAUCE

かぼちゃのそぼろあんかけ

和そぼろの材料（作りやすい分量）
鶏ひき肉＊　400g
しょうが　1/2かけ
しょうゆ　大さじ3
砂糖　大さじ4
酒　大さじ1
＊あれば鶏むねのひき肉

かぼちゃのそぼろあんかけの材料（2人分）
和そぼろ　100g
かぼちゃ　300g
A　砂糖・酒・みりん　各大さじ1と1/2
　　薄口しょうゆ　大さじ1
B　だし汁　1カップ
　　酒・薄口しょうゆ・みりん　各小さじ1/2
片栗粉　小さじ2
しょうが（すりおろし）　適量

> 和食の定番も和そぼろがあればラク。ほっとする優しい一品です。

1
和そぼろの材料

しょうがはすりおろす。

2
加熱する前に混ぜる

すべての材料をフライパンに入れ、菜箸4本でまんべんなく混ぜる。
※フライパンや鍋は直径18cmほどの小さめのものが作りやすい

3
混ぜながら加熱する

中火にかけて菜箸で混ぜながらそぼろ状にする。煮汁が透き通ってきて汁けがほぼなくなるまで煮る。和そぼろの完成。

4
かぼちゃのそぼろあんかけを作る

かぼちゃは種とワタを除き、4cm四方に切る。皮はまだらにむく。鍋にかぼちゃを並べ入れ、**A**を入れてひたひたになるまで水を加える。中火にかけて落としぶたをし、柔らかくなるまで煮て器に盛る。

5
あんを作る

別の鍋に**B**を入れてサッと煮立たせる。片栗粉と水大さじ1と1/3を混ぜて鍋に加えて混ぜ、とろみをつける。和そぼろを加えて温め、**4**のかぼちゃにかけてしょうがをのせる。

和そぼろの保存法

煮汁をきって密閉できる保存容器に入れ、冷蔵庫で3日間保存できる。冷凍する場合も煮汁をきってラップに包み、冷凍庫で2週間ほど保存できる。

和そぼろを使って

SOBORO-DON

ROLLED OMELETTE
WITH MINCED MEAT

鶏そぼろ丼

子どもも大人も大好き！　そぼろの甘みがご飯にぴったり。

材料（2人分）
和そぼろ（P.15）　120g
温かいご飯　茶碗2杯分
卵　3個
A　砂糖・みりん・酒　各大さじ1
　　薄口しょうゆ　小さじ1
　　塩　ひとつまみ
きぬさや（塩ゆで）　50g

1　卵を溶きほぐし、Aを加えて混ぜる。口径18cmほどのフライパンか小鍋を中火で熱し、卵液を流し入れて菜箸4本で絶えず混ぜながら炒り卵を作る。
2　きぬさやはせん切りにする。器にご飯を盛り、和そぼろ、炒り卵、きぬさやをのせる。

そぼろ卵焼き

うまみと食べごたえのある卵焼き。お弁当にも。

材料（2人分）
和そぼろ（P.15）　60g
卵　3個
A　だし汁　大さじ1
　　薄口しょうゆ・みりん・砂糖　各小さじ1
サラダ油　適量

1　卵を溶きほぐし、和そぼろとAを加えて混ぜる。
2　卵焼き器を中火で熱し、キッチンペーパーなどでサラダ油を薄くなじませる。卵液の半量を流し入れ、表面が固まり始めたら縁を菜箸ではがして手前に向かって巻く。
3　再びサラダ油をなじませ、巻いた卵を向こう側へすべらせる。あいたところに残りの卵液を流し入れて巻いた卵を持ち上げ、下にも卵液を流し込んで同様に卵を巻く。取り出して食べやすく切り、器に盛る。

TOFU AND MINCED MEAT STIR FRY

FRIED TOFU BAG WITH MINCED MEAT

ひき肉炒り豆腐

厚揚げを使えば水きり不要。そぼろでうまみをプラスして。

材料（2人分）
和そぼろ（P.15）　100g
厚揚げ　1丁
にんじん　1/5本（30g）
さやいんげん　3本（30g）
ごま油　大さじ1
砂糖　大さじ1
しょうゆ　小さじ2

1　厚揚げは外側の揚げている部分を薄く切り落として小さく切る。さやいんげんは筋を除き、端を落とし、にんじんとともに4cm長さのせん切りにする。
2　鍋にごま油を中火で熱し、にんじん、いんげんを炒め、厚揚げを加えて炒め合わせる。
3　和そぼろを加えて、砂糖、しょうゆで味を調える。

油揚げそぼろはさみ焼き

きんちゃくに和そぼろと卵を詰めて焼きます。

材料（2人分）
和そぼろ（P.15）　80g
万能ねぎ（みじん切り）　5g
溶き卵　1/2個分
油揚げ　2枚
だししょうゆ＊　小さじ1/2
青じそ　2枚
＊だししょうゆがない場合は、しょうゆ小さじ1/4で代用できる

1　和そぼろと溶き卵、万能ねぎ、だししょうゆを合わせる。
2　油揚げを横半分に切り、指を入れて袋状にする。1を詰めて楊枝で止める。
3　フライパンを中火で熱し、2を入れて両面に軽く焼き色をつける。青じそを敷いた器に盛り、あればからしじょうゆをつけていただく。

CHINESE STYLE SOBORO

中華そぼろ

しょうがやにんにくをきかせた、濃厚な味わいの
中華そぼろを豚ひき肉で作ります。
ご飯はもちろん、人気の麺類にもよく合います。

DANDAN NOODLES

担々麺

> コクのある中華そぼろが麺にぴったり！まろやかな風味がやみつきに。

中華そぼろの材料（作りやすい分量）
豚ひき肉　400g
しょうが　1/2かけ
にんにく　1/2片
酒・砂糖　各大さじ1と1/2
しょうゆ　小さじ1
甜麺醤　大さじ1と1/2

担々麺の材料（2人分）
中華そぼろ　70g
中華生麺　2玉
中華スープ　250ml
青梗菜　1株
A　しょうが・にんにく（みじん切り）　各大さじ1
　　芝麻醤　大さじ4
　　豆板醤　小さじ2
　　ごま油・砂糖・しょうゆ　各大さじ1
　　酢　小さじ2
長ねぎ（白い部分・せん切り）　5cm分
ラー油・粉山椒　各適量

1 中華そぼろの材料

しょうが、にんにくはみじん切りにする。

2 ひき肉を焼く

フライパンを中火で熱し、しょうが、にんにく、豚ひき肉を入れて、しっかりほぐしながら炒め合わせる。

3 脂を捨て調味する

ひき肉から出た脂を捨てる。酒、砂糖、しょうゆ、甜麺醤を加えて炒め合わせる。中華そぼろの完成。

4 担々麺を作る

青梗菜はラップで包み、電子レンジで1分ほど加熱し、食べやすく切る。ボウルにAを混ぜる。鍋で中華スープを温めてボウルに少しずつ加えて混ぜ、器に分けておく。

5 中華麺をゆでる

別の鍋で中華麺を袋の表示時間通りにゆでてざるで湯をきり、2等分して4の器に加えてサッとあえる。中華そぼろ、青梗菜、長ねぎをのせる。好みでラー油、粉山椒をふる。

中華そぼろの保存法

密閉できる保存容器に入れ、冷蔵庫で3日間保存できる。冷凍する場合は、ラップに包み、冷凍庫で2週間ほど保存できる。

中華そぼろを使って

ZHAJIANG NOODLES

THIN SPRING ROLLS

ジャージャー麺

こってり肉あんを麺にからめて。汁なしだからより手軽。

材料（2人分）
中華そぼろ（P.19） 200g
中華生麺 2玉
きゅうり 1/2本
A ｜ 甜麺醤・砂糖・片栗粉 各小さじ1
　 ｜ 水 大さじ2

1 耐熱容器に中華そぼろとAを合わせてよく混ぜ、電子レンジで30秒ほど加熱する。きゅうりはせん切りにする。
2 中華麺を袋の表示時間通りにゆでる。ざるに上げ、流水で洗って水けをよくきり、器に盛る。1の肉みそをかけてきゅうりをのせる。

細春巻き

野菜を合わせて揚げ焼きに。揚げ春巻きも手軽！

材料（4本分）
中華そぼろ（P.19） 60g
たけのこ（水煮） 20g
干ししいたけ（小） 2枚
にら 1/5束（20g）
春巻きの皮 2枚
薄力粉・揚げ油 各適量

1 干ししいたけは水で戻し、たけのことともに3cm長さの細切りにする。にらは3cm長さに切る。干ししいたけ、たけのこ、にらを中華そぼろと混ぜる。
2 春巻きの皮を半分に切り、1の1/4量をのせて端を折り込みながら細く巻く。巻き終わりの端を、薄力粉を同量の水で溶いてとめる。残りも同様に作る。
3 フライパンに揚げ油を1cm深さまで入れて中火で熱し、2を入れて転がしながらきつね色になるまで揚げ焼きにする。斜め半分に切って器に盛る。

CHINESE COLD TOFU

STIR-FRIED LONG BEANS WITH CHINESE SOBORO

中華冷や奴

たれを作るのが面倒なら市販のポン酢でもOK！

材料（2人分）
中華そぼろ（P.19） 100g
木綿豆腐 1丁（350g）
ミニトマト 4個
青じそ 1枚
A ごま油・オイスターソース・酢・しょうゆ
　　各大さじ1/2
　こしょう・砂糖 各ひとつまみ

1 ミニトマトは縦横に切って8つ割りにする。青じそはせん切りにする。
2 Aの調味料を合わせてよく混ぜ、たれを作る。
3 豆腐は半分に切って器に盛る。中華そぼろ、ミニトマト、青じそをのせて2のたれをかける。

中華そぼろといんげん炒め

いんげんをよーく炒めて甘みを引き出します。

材料（2人分）
中華そぼろ（P.19） 100g
さやいんげん 20本
サラダ油 大さじ1と1/2
A 酒・しょうゆ・水 各大さじ1/2
　片栗粉 小さじ1
　甜麺醤 小さじ2/3
　赤唐辛子（輪切り） 少々

1 さやいんげんはヘタを落として長さを半分に切る。
2 フライパンにサラダ油を中火で熱し、いんげんを柔らかくなるまでじっくり炒めて余分な油を捨てる。
3 中華そぼろとAを加えて炒め合わせる。

COLUMN 1

4 TYPES OF MINCED MEAT
ひき肉4種類の特徴

形状は同じでも、ひき肉はもとになる肉の種類によって味わいや、向いている料理が異なります。この本で使用した、牛ひき肉、豚ひき肉、鶏ひき肉、そして牛肉と豚肉を合わせてひいた合いびき肉の4種類の特徴を紹介します。

牛ひき肉

肉本来のうまみが強く感じられるのが、牛ひき肉の特徴です。水分が少なめで、弾力が感じられます。価格がやや高めですが、合いびき肉と同様、洋食に使われることが多くなっています。

牛ひき肉を使ったレシピ
ひき肉じゃが(P.40)、ひき肉すき焼き(P.53)、ドライカレー(P.56)、スパゲッティ・ミートソース(P.58)、サモサ風おつまみ(P.92)、ケバブ風スパイシーロースト(P.93)など

豚ひき肉

コクがあり、煮物などに使う場合はだしが出やすいひき肉。ほかのひき肉に比べて脂を多く含むものが多く、気になる場合は赤身のひき肉を選んでください。中華料理に使われることが多くなっています。

豚ひき肉を使ったレシピ
中華そぼろ(P.19)、麻婆豆腐(P.24)、中華野菜炒め(P.27)、餃子(P.28)、肉だんごあんかけ(P.34)、ひき肉炒飯(P.38)、シンガポールビーフン(P.75)、豚みそ(P.91)、タイ風サラダ(P.93)など

鶏ひき肉

特に和食との相性がよく、淡泊であっさりとした味わいが特徴です。鶏肉の部位の中でも鶏胸肉やささ身を使ったものは脂肪が少ないので、カロリーも低め。ダイエットにも向いています。

鶏ひき肉を使ったレシピ
和そぼろ(P.15)、鶏つくね照り焼き(P.42)、和風ハンバーグ(P.46)、ひき肉きんぴらごぼう(P.48)、ひき肉五目炊き込みご飯(P.55)、ふわふわチキンナゲット(P.64)、れんこんはさみ揚げ(P.89)など

合いびき肉

牛肉と豚肉を合わせてひいたもの。牛肉のうまみ、豚肉のコクと両者のよいところが生かされています。価格とのバランスがよく、幅広く使われていますが、特に洋食との相性がよいひき肉です。

合いびき肉を使ったレシピ
洋そぼろ(P.11)、ピーマンの肉詰め(P.63)、ハンバーグ(P.66)、チリコンカン(P.77)、ミートボール肉だね(P.80)、ロールキャベツ肉だね(P.84)、ひき肉ミネストローネ(P.95)など

2

ENTREES

おかず&主食

ひき肉の特性を生かしてパラパラのままで
手早く作ったり、ハンバーグや
餃子のように練って成形して作ったりと、
ひき肉のおいしさを存分に活用した
メインおかずを厳選。
ご飯や麺類と合わせた主食もぜひ。

MAPO TOFU

麻婆豆腐

中華ならではの調味料でひき肉を味つけし、時間をかけて豆腐を
煮込んでいるからこその深〜い味わい。炒め物というより煮物と考えてください。
最後にかけるごま油で辛みがまろやかになり、よりおいしくなります。

材料（2人分）
豚ひき肉　100g
絹ごし豆腐　1丁（350g）
A ｜ 塩　ひとつまみ
　　｜ こしょう　少々
豆板醤　小さじ2
甜麺醤　大さじ1
B ｜ 豆豉（みじん切り）　大さじ1
　　｜ しょうゆ・酒　各大さじ1
　　｜ みりん　大さじ1/2
片栗粉　大さじ1/2
ごま油　適量
長ねぎ（みじん切り）　10cm分
粉山椒　少々

1　豆腐は1.5cm角に切る。豚ひき肉は**A**を混ぜて下味をつける。フライパンにごま油小さじ1を中火で熱し、ひき肉を入れて広げ、焼きつける（**POINT 1**）。焼き色がついたら返して同様に焼く。

2　フライパンのあいたところに豆板醤と甜麺醤を入れて炒め、香りを出す。ひき肉をざっとほぐしながら全体を混ぜる。

3　水1カップと**B**、豆腐を加えて、5分ほど煮る（**POINT 2**）。片栗粉と水大さじ2を混ぜて回し入れ、とろみをつける。長ねぎを加えてひと混ぜし、ごま油小さじ2を回し入れる。器に盛り、粉山椒をふる。

MEMO

- 甜麺醤（左の皿・上）：小麦粉を発酵させた甘みのある調味料。中華そぼろ（P.19）でも使用。
- 豆板醤（左の皿・下）：そら豆や唐辛子を主原料にした発酵調味料。辛みとうまみがあります。
- 豆豉（右の皿）：黒豆を発酵させた調味料。独特の風味と塩けがあり、料理に深みを与えます。麻婆豆腐には欠かせません。

POINT 1
ひき肉はきちんと
焼きつけることで
臭みをとる

POINT 2
5分ほどかけて
しっかり煮込むことで
豆腐に味をしみ込ませる

MAPO VERMICELLI

麻婆春雨

ひき肉や野菜、中華スープのうまみを
たっぷり吸った緑豆春雨が絶品。
ご飯によく合う、ほどよい辛みです。

材料（2人分）
豚ひき肉　100g
緑豆春雨（乾）　50g
赤・緑ピーマン　各1/2個
長ねぎ　1/2本
干ししいたけ　2枚
ごま油　適量
A ┃ にんにく・しょうが（みじん切り）
　┃　　各小さじ1
　┃ 酒　小さじ1
　┃ しょうゆ・砂糖　各小さじ1/2
豆板醤　小さじ1と1/2
B ┃ 中華スープ　120mℓ
　┃ オイスターソース　大さじ1
　┃ しょうゆ　小さじ1

POINT

豆板醤を加熱して
風味を引き出す

1　春雨は湯で戻し、水けをきる。干ししいたけは水で戻し、水けを絞る。ピーマン、長ねぎ、干ししいたけは5cm長さの細切りにする。

2　豚ひき肉はAで下味をつける。フライパンにごま油小さじ1を中火で熱し、ひき肉を入れて広げ、焼きつける。焼き色がついたら返して同様に焼く。フライパンのあいたところに豆板醤を加えて炒めて香りを出し（**POINT**）、ひき肉をざっとほぐして全体に混ぜる。

3　ごま油小さじ2を回し入れ、春雨、干ししいたけ、ピーマン、長ねぎを加えてサッと炒めてBを加える。汁けがほとんどなくなるまで煮る。

STIR-FRIED MINCED MEAT AND VEGETABLES

中華野菜炒め

定番の肉野菜炒めもひき肉でおいしく。
大きめにほぐすとグッと食べごたえが出ます。
薄くとろみをつけ、調味料を全体にからめて。

材料（2人分）
豚ひき肉　150g
キャベツ　1/4個
にんじん　1/4本
もやし　100g
A ┃ 塩　ひとつまみ
　 ┃ こしょう　少々
サラダ油　大さじ1
B ┃ しょうゆ・みりん・酒　各大さじ1
　 ┃ オイスターソース　小さじ2
　 ┃ にんにく（すりおろし）　小さじ1
　 ┃ 片栗粉　小さじ1
　 ┃ 鶏ガラスープの素　小さじ1/2

POINT

下味をつけてひき肉の
臭みやクセを抑える

1　豚ひき肉にAを混ぜて下味をつける（POINT）。キャベツは大きめのざく切りにする。にんじんは4㎝長さの薄切りにする。もやしはひげ根を除く。

2　フライパンにサラダ油を強火で熱し、1のひき肉を入れて広げ、焼きつける。焼き色がついたら返して同様に焼き、ざっとほぐす。

3　キャベツ、にんじん、もやしを加えて炒め合わせる。野菜に7割ほど火が通ったら、合わせたBを加えてまんべんなく炒め合わせる。

CHINESE DUMPLING

餃子

下味をつけた豚ひき肉に、刻んだ白菜とにらをたっぷり混ぜます。
仕上げにごま油を回しかけてカリッと焼き目をつけてでき上がり。
豚ひき肉は上質で脂が多めのものがおすすめです。

材料（18個分）
豚ひき肉　150g
餃子の皮　18枚
白菜　2枚
にら　60g
長ねぎ（みじん切り）　5cm分
にんにく（みじん切り）　1片分
しょうが（みじん切り）　1かけ分
A ｜ 砂糖・水・片栗粉・ごま油・しょうゆ　各大さじ2/3
　｜ 塩・こしょう　各少々
ごま油　適量
ラー油・しょうゆ　各適量

1　白菜は熱湯でゆでてざるに上げ、水けを絞ってみじん切りにする。にらもみじん切りにする。
2　豚ひき肉とAを粘りが出るまでよく練る（POINT 1）。長ねぎ、にんにく、しょうがを加えて混ぜる。1の白菜、にらも加えて混ぜる。餃子の皮の縁に水を塗り、肉だねをのせてひだを寄せながら包む。残りも同様に包む。
3　フライパンにごま油小さじ2を中火で熱し、餃子を並べ入れて焼き目をつける。餃子の高さの半分くらいまで湯を注ぎ入れてふたをし、8分ほど蒸し焼きにする（POINT 2）。
4　ふたを取って水けをとばし、ごま油小さじ2を回しかけてカリッとするまで焼く。器に盛り、ラー油としょうゆを合わせたたれを添える。

MEMO

- 片栗粉やごま油、しょうゆなどの合わせ調味料で、ひき肉にしっかり下味をつけ、食感を柔らかくして食べやすくします。
- 最初に合わせ調味料を豚ひき肉に加えてよく練り混ぜてから、長ねぎやしょうが、にんにくなどの香味野菜や白菜、にらなどの野菜類を加えて混ぜ合わせます。

POINT 1
先に調味料を
混ぜてから
野菜類を加える

POINT 2
焼き目がついたら
湯を注いで
蒸し焼きにする

STEAMED CHINESE DUMPLING

シュウマイ

手作りすることが少なめのシュウマイですが、
家で蒸したてを食べられる「口福」をぜひ！
肉だねに卵や酒を加え、
柔らかく優しい口あたりに仕上げます。

POINT

指で輪を作って皮をのせ、
肉だねを入れ込む

材料（12個分）
豚ひき肉　160g
シュウマイの皮　12枚
干ししいたけ（水で戻す）　1枚
玉ねぎ　50g
しょうが（みじん切り）　1かけ分
A　卵　1/2個分
　　酒　大さじ1/2
　　しょうゆ・砂糖・片栗粉　各小さじ1
　　塩　小さじ1/4
　　こしょう　少々
グリーンピース　12粒
からし・しょうゆ　各適量

1. 干ししいたけ、玉ねぎはみじん切りにする。
2. 豚ひき肉とAをよく練り混ぜ、干ししいたけ、玉ねぎ、しょうがを合わせてよく混ぜる。
3. シュウマイの皮に2を中央にのせて包み（POINT）、中央にグリーンピースをのせる。
4. 蒸し器に水を入れて強火にかけ、シュウマイを並べ入れてふたをし、8分ほど蒸す。器に盛り、からしじょうゆを添える。

SIMMERED MINCED MEAT WITH CHINESE CABBAGE

白菜の仏手煮
（ぶっしゅに）

切り離さないように4本の切り込みを入れ、白菜を5本指の仏様の手に見立てます。肉だねを包んで上品な味わいの煮物に。煮汁はとろみをつけてあんにします。

POINT

白菜の中央あたりに4本切り込みを入れる

材料（2人分）
豚ひき肉　250g
白菜（白い部分18cm長さ）　4枚分
干ししいたけ（水で戻す）　2枚
長ねぎ　1本
しょうが（みじん切り）　1かけ分
塩　適量
A｜塩　小さじ1/2
　｜こしょう・砂糖　各少々
中華スープ　1と1/2カップ
酒　大さじ1
こしょう　少々
片栗粉　大さじ1

1　白菜は塩少々をふり、ラップに包んで電子レンジで5分ほど加熱する。切り離さないように、縦に4本切り込みを入れる（**POINT**）。残りも同様に切り込みを入れる。
2　干ししいたけ、長ねぎはみじん切りにする。豚ひき肉と**A**、干ししいたけ、長ねぎ、しょうがを合わせてよく練り混ぜる。4等分にし、白菜にのせて半分に折る。
3　鍋に中華スープ、酒を煮立て、**2**を並べ入れる。落としぶたをし、15分ほど弱めの中火で煮て、煮汁を残して器に盛る。
4　残った煮汁は中火にかけ、塩少々、こしょうで味を調える。片栗粉と水大さじ2を混ぜて回し入れ、とろみをつけて**3**にかける。

CHINESE MEATBALL SOUP

紅焼獅子頭
<small>ホンシャオシジトウ</small>

れんこんや玉ねぎなどを混ぜ込んだ肉だんごに、おいしそうな
焼き目をつけてから、野菜や春雨、豆腐といっしょに煮込みます。
子どもにも好評で、おもてなしにもなるごちそうです。

材料（2人分）
豚ひき肉　250g
玉ねぎ　30g
れんこん　30g
干ししいたけ（水で戻す）　2枚
しょうが（すりおろし）　1かけ分
A しょうゆ・酒・砂糖　各大さじ1/2
　　塩　小さじ1/3
白菜　1/6株
にんじん　1/3本
緑豆春雨（乾）　30g
絹ごし豆腐　1/2丁（170g）
ごま油　大さじ2
B 中華スープ　3カップ
　　しょうゆ・酒　各大さじ2
　　オイスターソース　大さじ1
　　砂糖　大さじ1/2
　　ごま油　大さじ2

1. 玉ねぎ、れんこん、干ししいたけは粗いみじん切りにする。豚ひき肉に**A**を加えて練り混ぜ、玉ねぎ、れんこん、干ししいたけ、しょうがを加えてよく混ぜる（**POINT 1**）。4～6等分し、平らな円状に成形する。
2. 緑豆春雨は湯で戻し、水けをきる。白菜はそぎ切りにする。にんじんは斜め薄切りにする。豆腐は1cm厚さに食べやすく切る。
3. 鍋にごま油を中火で熱し、1を並べ入れて両面に焼き色をつける（**POINT 2**）。白菜、にんじんを加えてサッと炒める。**B**と春雨、豆腐を加え、15分ほど煮込む。

MEMO

- 中華スープは、顆粒の鶏ガラスープの素や中華スープの素で作ると手軽です。
- それぞれの商品の規定の量の水や湯で溶いて使ってください。商品によって味が濃い場合もあるので、まず規定の量の半量くらいを使って味を見て、自分好みの味を探してみてください。

POINT 1

ひき肉に調味料を
混ぜてから
野菜類を混ぜる

POINT 2

肉だんごは
煮る前に
焼き色をつける

SWEET & SOUR MEATBALLS

肉だんごあんかけ

揚げた肉だんごを、ケチャップやしょうゆを使った甘酢あんに
たっぷりからめます。肉だんごは卵や片栗粉を混ぜているので、
ふんわりと柔らかな食感。ご飯が進みます。

材料（2人分）
豚ひき肉　300g
A｜卵　1個
　｜長ねぎ（みじん切り）　大さじ1
　｜しょうが（みじん切り）　大さじ1/2
　｜酒　大さじ1
　｜砂糖・片栗粉　各小さじ1
　｜しょうゆ・塩　各小さじ1/2
　｜こしょう　少々
揚げ油　適量
B｜中華スープ　1と1/2カップ
　｜酢・砂糖・トマトケチャップ・しょうゆ
　｜　各大さじ2
　｜片栗粉　大さじ1
長ねぎ（白い部分・せん切り）　適量

1　豚ひき肉にAを加えてよく練り混ぜる。直径4cmのだんご状に丸める。
2　揚げ油を165℃に熱し、肉だんごを4〜5分かけて揚げる（POINT 1）。
3　甘酢あんを作る。別の鍋にBを入れて煮立て、とろみをつける（POINT 2）。2の肉だんごを鍋に入れてからめ、甘酢あんごと器に盛り、長ねぎをのせる。

MEMO

- 特に中華料理でよく使う香味野菜、長ねぎ（右）としょうが（左）はひき肉特有の臭みを抑えるのにも最適です。
- ここではみじん切りにして、肉だねに混ぜ込んで使います。
- 臭みを抑えるだけでなく、すっきりとした風味で食欲をそそります。

POINT 1

肉だんごは浅い
きつね色になるまで
カラリと揚げる

POINT 2

鍋に材料を混ぜて
とろみがつくまで煮て
甘酢あんを作る

CHINESE STEAMED EGG CUSTARD WITH MINCED MEAT

豚ひき肉の中華茶碗蒸し

水分たっぷりで、中華スープ風の茶碗蒸し。
ひき肉と卵のうまみがよく合います。
蒸すことで柔らかく火が入り、
食感がなめらかで優しい味わいになります。

材料（2人分）
豚ひき肉　80g
卵　2個
しょうゆ　小さじ1
酒　小さじ2
塩　ひとつまみ
しょうゆ・ごま油　各適量
万能ねぎ（小口切り）　適量

POINT

下味をつけたひき肉を
卵液に混ぜる

1　豚ひき肉にしょうゆ、酒を混ぜて下味をつける。
2　ボウルに卵をほぐし、水360mlと塩を混ぜ、1のひき肉を加えてよく混ぜる（POINT）。耐熱の器に注ぎ入れる。
3　蒸し器に水を入れて強火にかけ、2を入れてふたをし、強火で3分、続けて弱火にして10分ほど蒸す。取り出してしょうゆ、ごま油と万能ねぎをふる。

MEMO

● ひき肉を卵液に混ぜるときは、ひき肉のかたまりが残らないように、菜箸でほぐします。

STIR-FRIED TOMATO, EGG & MINCED MEAT

ひき肉とトマトの卵炒め

トマトの卵炒めに豚ひき肉をプラスして、
ボリュームもうまみもアップ。
ひき肉とトマトは先に炒めてから卵液に
加え、半熟になるまで炒めます。

材料（2人分）
豚ひき肉　100g
トマト（大）　1個
卵　3個
A　塩・こしょう・酒　各少々
B　中華スープ（または水）　大さじ1
　　塩　小さじ1/4
　　こしょう　各少々
ごま油　適量

POINT

トマトを脇に寄せ、ひき肉を入れる

1　豚ひき肉にAを混ぜて下味をつける。トマトは6等分のくし形に切る。卵を軽く割りほぐし、Bを加えて混ぜる。
2　フライパンにごま油小さじ2を強火で熱し、トマトを1分ほど焼く。あいたところに1のひき肉を入れて広げ、焼きつける（POINT）。焼き色がついたら返して同様に焼き、ざっとほぐして火を止める。粗熱がとれたら1の卵液に加える。
3　サッと洗ったフライパンにごま油小さじ2を中火で熱し、2を入れて軽く混ぜながら炒める。半熟状になったら火を止める。

MEMO

● 炒めたひき肉とトマトは熱いまま混ぜると卵が固まるので、別のバットなどに移して粗熱をとります。

STIR-FRIED RICE WITH MINCED MEAT

ひき肉炒飯

ひき肉と卵のシンプル炒飯。卵液の上にご飯を加えてほぐすと、きれいに混ざりやすくなります。ご飯は温かいものを使いますが、硬めに炊いたものがおすすめ。

材料（2人分）
豚ひき肉　80g
温かいご飯　茶碗2杯分（250g）
長ねぎ　1/2本
しょうが　1かけ
卵　2個
グリーンピース（缶）　30g
サラダ油　大さじ1/2
A ┃ しょうゆ・酒　各小さじ1
　┃ 塩　小さじ1/3
　┃ こしょう　少々

POINT

卵液の上にご飯を加えて混ぜ合わせる

1　長ねぎは粗みじんに切る。しょうがはみじん切りにする。卵は割りほぐす。Aは合わせておく。
2　フライパンにサラダ油を中火で熱し、豚ひき肉を炒める。長ねぎ、しょうがを加えて炒め、Aの1/3量を加えて炒め合わせる。
3　フライパンのあいたところに卵液を入れ、10秒ほどしたら卵の上にご飯を加え（POINT）、弱めの中火にしてご飯をほぐしながら炒め合わせる。Aの残りの量を加えてまんべんなく炒める。最後に強火にして炒め、仕上げにグリーンピースを加える。

STIR-FRIED NOODLES WITH MINCED MEAT

ひき肉焼きそば

ひき肉はしっかり下味をつけておき、
大きめにほぐすと食べごたえが出ます。
オイスターソースで魚介系のうまみを
プラスして味わい深く。

POINT

ひき肉には下味を
混ぜておく

材料（2人分）
豚ひき肉　140g
中華生麺　2玉
にんじん　1/5本（30g）
にら　1/2束
もやし　150g
A　酒・しょうゆ　各小さじ1/2
　　にんにく（すりおろし）　少々
　　こしょう　少々
ごま油　大さじ1
B　オイスターソース・酒・中華スープ
　　（または水）　各大さじ2
　　塩・こしょう　各少々

1　豚ひき肉は**A**を混ぜて下味をつける（**POINT**）。にんじんは4cm長さの短冊切りにする。にらは4cm長さに切る。もやしはひげ根を除く。中華麺はラップに包み、電子レンジで1分ほど加熱して温める。

2　フライパンにごま油を中火で熱し、**1**のひき肉を入れて広げ、焼きつける。焼き色がついたら返して同様に焼く。にんじん、もやしを加え、その上に中華麺を重ねて入れ、全体をほぐしながら炒める。

3　混ざり合ったら**B**を加えてよく混ぜ、にらを加えてサッと炒める。

JAPANESE MEAT & POTATO STEW

ひき肉じゃが

和風おかずの定番、肉じゃがもひき肉を使えばより手軽。
肉を切る必要もなく、火の通りもスピーディです。
下味をつけたひき肉はあまりほぐしすぎず、大きさを残しておいて。

材料（2人分）
牛ひき肉　100g
じゃがいも　2個
玉ねぎ　1/4個
にんじん　1/2本
A｜酒・しょうゆ　各小さじ1/4
サラダ油　大さじ1
酒・みりん　各大さじ2と1/2
砂糖　大さじ3
しょうゆ　大さじ2

1　じゃがいもは一口大に切り、水にさらして水けをきる。玉ねぎは薄切りにする。にんじんは乱切りにする。牛ひき肉にAを混ぜて下味をつける。
2　鍋にサラダ油を中火で熱し、玉ねぎ、にんじん、じゃがいもの順に加えてサッと炒める（POINT 1）。
3　水1カップ、酒、みりん、砂糖を加えてサッと混ぜる。1のひき肉を5～6等分にして、ところどころに加えてざっとほぐし（POINT 2）、3分ほど煮てアクを除く。しょうゆを加え、落としぶたをして15分ほど煮含める。

MEMO

- 落としぶたをすると煮汁がふたにあたって素材全体に行き渡り、まんべんなく味つけできます。
- 鍋よりひとまわり小さい落としぶたを使います。木製や陶製、シリコン製などがあります。
- オーブン用シートなどでそのつど作っても。鍋のサイズに合わせて切り、4～5か所小さな穴をあけます。

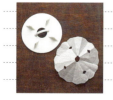

POINT 1

煮る前に
野菜を順に
炒めておく

POINT 2

5～6等分にして
ひき肉を加え、
大きくほぐす

TERIYAKI MEATBALLS
鶏つくね照り焼き

甘辛いたれで照り焼きにしたつくねは、ご飯にもお酒にも合う粋なおかず。
ふわっと柔らかいつくねだねにれんこんや玉ねぎを混ぜて
食感にアクセントをプラス。好みで卵黄やさわやかな青じそを添えて。

材料（2人分）
つくねだね
　鶏ひき肉　300g
　卵黄　1個分
　片栗粉　小さじ1
　しょうが（すりおろし）　小さじ1/2
　塩　小さじ1/4
　しょうゆ・酒・みそ　各小さじ1
玉ねぎ（粗みじん切り）　30g
れんこん（粗みじん切り）　20g
A　みりん・酒　各大さじ2
　　しょうゆ　大さじ1
　　砂糖　小さじ2
青じそ　4枚
卵黄（好みで）　2個分

1　つくねだねの材料を粘りが出るまでよく練り混ぜる。
2　1に玉ねぎ、れんこんを加えて混ぜる（**POINT 1**）。4等分にして細長く成形する。
3　フライパンを弱めの中火で熱し、2の両面を焼きつける。ふたをして8分ほど蒸し焼きにする（**POINT 2**）。Aを加えて全体にからめ、照りを出す。青じそを敷いた器に盛り、好みで卵黄を添える。

MEMO
- つくねはあっさりした鶏ひき肉で作りますが、卵黄やしょうがのすりおろしを加えることで味わい深くします。
- 片栗粉を入れるとつなぎになるだけでなく、ふんわり、なめらかな食感になります。小麦粉だとダマになりやすいので代用は避けて。

POINT 1
ひき肉に調味料類を
混ぜてから
野菜を混ぜる

POINT 2
焼き色をつけたら
蒸し焼きにして
中まで火を通す

MEAT-STUFFED TOFU

豆腐の肉詰め

豆腐に肉だねを詰めた端正な一品。
まず肉だねを詰めた面を下にして
焼きつけてから煮ていきます。
くりぬいた豆腐はみそ汁などに使って。

POINT

肉だねを詰めるため
豆腐をくりぬく

材料（2人分）
鶏ひき肉　80g
木綿豆腐　1/2丁（170g）
A ┃ 卵黄　1/2個分
　 ┃ しょうが汁・しょうゆ・酒・みそ
　 ┃ 　各小さじ1/3
　 ┃ 片栗粉　ひとつまみ
片栗粉　適量
ごま油　小さじ1
B ┃ 中華スープ　250ml
　 ┃ 酒・砂糖・しょうゆ　各大さじ1
万能ねぎ（小口切り）　適量

1　鶏ひき肉にAを合わせ、よく練り混ぜる。
2　豆腐は4等分に切って中央をスプーンでくりぬき、くぼみを作る（POINT）。くぼみに片栗粉を薄くふり、1の肉だねを詰める。さらに表面にも片栗粉を薄くふる。
3　フライパンにごま油を中火で熱し、2を肉だねを詰めた側を下にして並べ入れて焼く。薄く焼き色がついたらひっくり返し、Bを加える。ふたをして10分ほど火が通るまで煮て、豆腐の肉詰めを器に盛る。
4　残った煮汁を中火にかけ、片栗粉小さじ1と水大さじ2を混ぜて加え、とろみをつけて3にかける。万能ねぎをのせる。

DEEP-FRIED STUFFED SHIITAKE MUSHROOM

しいたけの肉詰め揚げ

香り高いしいたけに上品な鶏ひき肉の
肉だねがよく合います。
肉だねはよく練り、しいたけの裏側に
すきまなくきっちりと塗って詰めます。

材料（2人分）
鶏ひき肉　120g
A　卵黄　1/2個分
　　片栗粉・しょうゆ・酒・みそ
　　　各小さじ1/2
　　しょうが汁　少々
　　塩　ひとつまみ
生しいたけ　4個
片栗粉　適量
天ぷら粉（市販）　適量
揚げ油　適量

POINT

片栗粉をふっておくと
たねがはがれにくくなる

1　鶏ひき肉にAを合わせ、よく練り混ぜる。
2　生しいたけは軸を除き、かさの内側に片栗粉を薄くまぶす。1の肉だねをかさの内側に塗りつけ、表面を平らにならす（POINT）。
3　天ぷら粉を規定の量の水で溶き、2のしいたけをくぐらせて衣をつける。揚げ油を170℃に熱し、3〜4分かけて揚げる。

JAPANESE HAMBURGER STEAK
和風ハンバーグ

鶏ひき肉に豆腐を加えてふんわりしたハンバーグに。
しめじやえのきを炒めて大根おろしやしょうがをたっぷり
加えたソースをかけていただきます。

材料（4人分）
鶏ひき肉　400g
A｜卵黄　1個分
　｜片栗粉　小さじ1
　｜しょうが（すりおろし）　小さじ1/2
　｜塩　小さじ1/3
　｜しょうゆ・酒・みそ　各小さじ1
玉ねぎ（みじん切り）　1/6個分
木綿豆腐　50g
しめじ・えのきたけ　各30g
B｜大根（すりおろし）　大さじ4
　｜しょうが（すりおろし）　大さじ1/2
　｜しょうゆ・酒　各大さじ1
　｜砂糖　小さじ1
サラダ油　小さじ1
バター　大さじ1
クレソン　適量

1. 鶏ひき肉とAをよく混ぜ、玉ねぎと豆腐を加えて豆腐をつぶしながらよく混ぜる（POINT 1）。4等分し、小判形に成形する。しめじは小房に分ける。えのきたけは食べやすくほぐす。
2. フライパンにサラダ油を中火で熱し、ハンバーグの両面に焼き色をつける。ふたをして火が通るまで10分ほど蒸し焼きにし、器に盛る。
3. 同じフライパンにバターを中火で熱し、しめじ、えのきたけを炒める（POINT 2）。Bを加えてひと煮立ちさせて2にかけ、クレソンをのせる。

MEMO

● ひき肉でもハンバーグのように大きめに成形した場合は、簡単に中まで火が通りません。そこで表面に焼き色をつけてから、ふたをして蒸し焼きにし、中心まで火を通します。

POINT 1
肉だねに
玉ねぎと豆腐を
加えて混ぜる

POINT 2
バターでしめじと
えのきたけを
炒めてソースを作る

STIR-FRIED BURDOCK ROOT WITH MINCED MEAT

ひき肉きんぴらごぼう

いつものきんぴらごぼうにひき肉を加えるとうまみが増し、グッと箸が進みます。ひき肉となじみをよくするためにごぼうはささがきに。

材料（2人分）
鶏ひき肉　60g
ごぼう　1本
にんじん　50g
赤唐辛子（輪切り）　1/3本分
ごま油　小さじ1
A｜しょうゆ・砂糖　各大さじ2
　｜みりん　大さじ1

POINT

フライパンの中央にひき肉を加えて炒める

1　ごぼうはささがきにする。にんじんは5cm長さのせん切りにする。Aは合わせておく。
2　フライパンにごま油を中火で熱し、ごぼう、にんじんを炒める。しんなりしてきたら、フライパンの中央をあけて、鶏ひき肉、赤唐辛子を加え、ひき肉をほぐしながら炒め合わせる（**POINT**）。
3　Aを加えて混ぜ、汁けがなくなるまで煮る。

MEMO

● ごぼうはせん切りにせず、薄めのささがきにします。

STIR-FRIED EGG & LEEK WITH MINCED MEAT

ひき肉にら玉

にらの香りと柔らかい卵に、
ひき肉でコクとうまみを加えます。
長ねぎとにらは加熱しすぎず、
サッと炒めて風味と食感を生かします。

材料(2人分)
豚ひき肉　150g
卵　3個
長ねぎ　20g
にら　50g
A｜塩・酒・しょうゆ　各少々
サラダ油　適量
B｜酒・砂糖・薄口しょうゆ　各小さじ1
　｜塩　ひとつまみ

MEMO
● ひき肉を入れるだけで、食べごたえのあるおかずになります。

POINT
炒めたひき肉の粗熱をとり、卵液に混ぜる

1　豚ひき肉にAを混ぜて下味をつける。長ねぎは4cm長さの細切りにする。にらは4cm長さに切る。

2　フライパンにサラダ油小さじ1を中火で熱し、1のひき肉を入れて広げ、焼きつける。焼き色がついたら返して同様に焼く。長ねぎ、にらを加えてほぐしながらサッと炒め合わせ、取り出して粗熱をとる。

3　卵を割りほぐし、Bを加えてよく混ぜ、2を加えて混ぜる（POINT）。フライパンにサラダ油大さじ1を中火で熱し、卵液を一気に入れて大きく混ぜながら焼く。表面が半熟になり、薄く焼き色がついたら返し、同様に焼き色をつける。

STEAMED MEATBALLS WITH STICKY RICE
肉だんごの紅白もち米蒸し

しょうがの風味をきかせた肉だんごにもち米をまぶして蒸した、
パッと華やかなごちそう。おもてなしにぴったりですが、
冷めてもおいしいのでお弁当に入れても。

材料（4人分）
豚ひき肉　250g
もち米　1/2合
干ししいたけ（水で戻す）　2枚
長ねぎ　10cm
しょうが（小）　1かけ
A　卵　1/2個分
　　片栗粉　大さじ1と1/2
　　酒　大さじ1
　　しょうゆ・砂糖　各小さじ1
　　塩　小さじ1/2
　　こしょう　少々
　　水　大さじ2と1/2
食紅　少々
からし・しょうゆ　各適量

1　もち米は洗って一晩水につけておく。半量ずつに分け、半量に食紅で色づけして水けをきる。
2　干ししいたけ、長ねぎ、しょうがはみじん切りにする。豚ひき肉は**A**を加えて混ぜ、粘りが出るまで混ぜる（**POINT 1**）。干ししいたけ、長ねぎ、しょうがを加えて混ぜ、12等分にして丸める。
3　2にもち米をまぶしつけ、手で押さえてしっかりつける（**POINT 2**）。
4　蒸し器に水を入れて強火にかけ、3を並べ入れてふたをし、20分蒸す。器に盛り、からしじょうゆを添える。

MEMO

● 専用の蒸し器がなくても、手持ちの鍋を使って蒸すことができる便利な道具があります。鍋の中にセットする足つきの蒸し台や蒸し網が代表格。陶製（写真）や金属製のものなどがあります。

● 鍋よりひとまわり小さいサイズのものを選び、鍋の中にセットしたら水を入れて沸かし、蒸すものを入れてふたをして蒸します。

POINT 1
ひき肉は野菜類を
加える前に
調味料類を混ぜる

POINT 2
はがれないように
もち米を手でしっかり
押さえつける

SIMMERED MEATBALLS WITH DAIKON

肉だんごと大根の甘煮

肉だんごと大根をあめ色になるまで煮て、
味をしっかりしみ渡らせます。
ご飯によく合う、少し甘みのある
優しい和風の煮物。ほっとする味わいです。

POINT

肉だねは柔らかいので
スプーンで落とし入れる

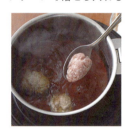

材料（2人分）
豚ひき肉　200g
大根　1/4本
A　長ねぎ（みじん切り）　大さじ1
　　しょうが（すりおろし）　小さじ1/2
　　酒・片栗粉　各小さじ1
　　塩　小さじ1/3
B　酒　大さじ3
　　しょうゆ・砂糖・みりん　各大さじ2
　　酢　大さじ1
さやいんげん（塩ゆで）　8〜10本

1　大根は1cm厚さの半月切りにし、サッと水にさらして耐熱容器に入れてラップをし、電子レンジで5分ほど加熱する。
2　豚ひき肉に**A**を加え、よく練り混ぜる。
3　鍋に水2と1/2カップ、**B**を煮立て、**2**の肉だねをスプーンですくって鍋に落とし入れる（**POINT**）。肉だんごが浮いてきたら大根を加えて弱めの中火で煮る。10分ほど煮たら強火にし、煮汁が半量ほどになるまで煮詰めて全体にからめる。器に盛り、5cm長さに切ったさやいんげんを添える。

MINCED MEAT SUKIYAKI

ひき肉すき焼き

柔らかい肉だんごはすき焼きもおいしい！
こんがり焼き色をつけて野菜や豆腐と煮ます。
鍋の後は、うまみたっぷりの鍋汁で
うどんを煮るのがおすすめ。

POINT

肉だんごに直接
砂糖をふりかける

材料（2人分）
牛ひき肉（あれば粗びき）　250g
A　しょうが（すりおろし）　小さじ1
　　卵　1/2個分
　　塩　小さじ1/3
白菜　4枚
長ねぎ　1本
えのきたけ　1袋
春菊　4株
焼き豆腐　1/2丁
B　だし汁　1カップ
　　砂糖　大さじ3〜4
　　しょうゆ・みりん・酒　各1/4カップ
サラダ油　少々
砂糖　適量
卵　2個

1　牛ひき肉にAを加え、よく練り混ぜる。軽くにぎって一口大に丸くまとめる。
2　白菜、春菊はざく切りにする。えのきたけは根元を切ってほぐす。長ねぎは斜め切りにする。焼き豆腐は食べやすく切る。
3　すき焼き鍋にサラダ油を中火で熱し、1の肉だんごを並べ入れる。それぞれに砂糖少々をふりかけ、転がしながら焼き色をつける（POINT）。
4　Bを混ぜて鍋に加え、白菜、長ねぎ、春菊、えのきたけ、焼き豆腐を加えて煮る。煮えたものから溶き卵につけていただく。

NATTO DON WITH MINCED MEAT

ひき肉納豆丼

クセのある発酵食品の代表格、納豆は
ひき肉と相性がよい素材。
下味をつけたひき肉と納豆を炒めて、
ご飯にたっぷりかけていただきます。

材料（2人分）
鶏ひき肉　120g
温かいご飯　茶碗2杯分
納豆（小粒）　1パック（40g）
にんにく　1片
青じそ　4枚
砂糖　大さじ1
しょうゆ・酒　各小さじ2
ラー油　少々

POINT

ひき肉とにんにくを
ほぐしながら炒める

1. 納豆は添付のたれとからしを混ぜる。にんにくはみじん切りにする。青じそはせん切りにする。鶏ひき肉に砂糖、しょうゆ、酒を加えて混ぜる。
2. フライパンを中火で熱し、**1**のひき肉、にんにくを入れて広げ、ほぐしながらよく炒める（**POINT**）。フライパンのあいたところに納豆を入れ、ひき肉と混ぜながら炒め合わせる。
3. 器にご飯を盛り、**2**をのせて**1**の青じそをのせ、ラー油をかける。

MEMO

● 炒めた納豆は臭みが抑えられるので苦手な人にもおすすめです。

JAPANESE MIXED RICE WITH MINCED MEAT

ひき肉五目炊き込みご飯

試作してみたら予想以上においしくできた
ひき肉入りの炊き込みご飯。
鉄板の鶏ごぼうに干ししいたけやにんじん、
たけのこを加えた五目ご飯です。

POINT

米に調味料類と水を
加え、具をのせる

材料（作りやすい分量）
鶏ひき肉　120g
米　2合
干ししいたけ（水で戻す）　2枚
ごぼう　50g
にんじん　30g
たけのこ（水煮）　50g
A ┃ 酒　小さじ1
　 ┃ しょうゆ　小さじ1/2
B ┃ しょうゆ・みりん・酒　各大さじ1
　 ┃ 塩　小さじ1/3
きぬさや（塩ゆで）　4枚

1　米は洗って浸水させ、ざるに上げる。干ししいたけは細切りにする。ごぼう、にんじん、たけのこは2cm長さの細切りにする。鶏ひき肉はAを混ぜて下味をつける。
2　炊飯器の内釜に米とBを入れ、2合の目盛りまで水を加えて軽く混ぜる。上に干ししいたけ、ごぼう、にんじん、たけのこをのせ、1のひき肉をざっと4つに分けてのせて普通に炊く（POINT）。
3　炊き上がったらひき肉をほぐしながら、全体を混ぜる。器に盛り、斜め細切りにしたきぬさやをのせる。

CURRY-FLAVORED FRIED RICE

ドライカレー

ドライカレーはご飯にのせてもいいですが、いっしょに炒めると
より香り高くなります。ご飯を加える前に、カレー粉とケチャップは
まんべんなく混ぜ合わせておくのがおいしく作るコツです。

材料（2人分）
牛ひき肉　100g
温かいご飯　茶碗2杯分
玉ねぎ　1/2個
にんじん　40g
ピーマン　1/2個
にんにく　少々
A｜塩・こしょう　各少々
サラダ油　小さじ2
カレー粉　小さじ1
トマトケチャップ　小さじ2
バター　小さじ1
塩・こしょう　各少々

1　牛ひき肉は**A**を混ぜて下味をつける。玉ねぎ、にんにくはみじん切りにする。にんじん、ピーマンは粗いみじん切りにする。
2　フライパンにサラダ油を中火で熱し、**1**のひき肉を入れて広げ、焼きつける。焼き色がついたら返して同様に焼き、ざっとほぐす。玉ねぎ、にんじん、ピーマン、にんにくを加えて炒め合わせる（**POINT 1**）。カレー粉、ケチャップを加えて全体に炒め合わせる。
3　バターを加えて混ぜ、ご飯を加えてほぐしながらまんべんなく炒め合わせる（**POINT 2**）。塩、こしょうで味を調える。

MEMO

● カレー粉は、ターメリックや唐辛子、カルダモン、クミンなどのスパイスやハーブをミックスしたもの。商品によってブレンドされている香辛料が異なるので、風味に差が出ます。
● 固形や顆粒のカレールーは、油脂や食塩、とろみをつけるための小麦粉などが添加されていて、香辛料だけのカレー粉とは異なります。

POINT 1

ひき肉をしっかり
炒めてから
野菜類を加える

POINT 2

ご飯を加えて
木べらなどでほぐし
ながら全体を炒める

SPAGHETTI WITH MEAT SAUCE
スパゲッティ・ミートソース

ひき肉はもちろん、ワインや玉ねぎを使ってじっくり煮込んだ
ミートソース。肉のうまみがしっかり感じられます。
今回は多めに作ってパスタには約半量を使用します。

材料（2人分）
ミートソース（作りやすい分量・約半量を使用）
　牛ひき肉　200g
　玉ねぎ（みじん切り）　1/2個分
　にんにく（みじん切り）　少々
　赤唐辛子　1/2本
　塩・こしょう　各適量
　オリーブオイル　小さじ2
　薄力粉　大さじ1
　赤ワイン　大さじ2
　トマトソース（市販）　1と1/2カップ
　水　1カップ
スパゲッティ　120g
パルミジャーノチーズ（すりおろし）　大さじ2
バジル　適量

1　ミートソースを作る。牛ひき肉に塩小さじ1/3、こしょう少々を混ぜて下味をつける。鍋にオリーブオイルを中火で熱し、ひき肉を入れて広げ、焼きつける。焼き色がついたら返して同様に焼く（**POINT 1**）。玉ねぎ、にんにく、赤唐辛子を加えてほぐしながら炒める。

2　玉ねぎがしんなりしてきたら薄力粉をふり入れて炒め合わせる（**POINT 2**）。赤ワイン、トマトソース、水を加えて30分ほど煮込み、塩・こしょう各少々で味を調える。スパゲッティには半量を使う。

3　別の鍋に塩大さじ1（分量外）を加えた湯を沸かし、スパゲッティを袋の表示時間通りにゆでる。ざるに上げて湯をきり、器に盛る。2のミートソース適量をかけ、パルミジャーノチーズ、バジルをのせる。

MEMO

- ミートソース全量でパスタ約4人分。余ったミートソースは密閉できる保存容器に入れ、冷蔵庫で3日間、冷凍庫で3週間ほど保存できます。
- パスタ以外にも、食パンにのせてトーストしたり、野菜とあえたり、グラタンにしても。ラザニア（P.60）やパルマンティエ（P.61）にも使えます。

POINT 1
臭みを除くためにも
ひき肉はしっかり
焼きつけておく

POINT 2
小麦粉を加えると
ミートソースに
少しとろみがつく

LASAGNA

ラザニア

できたての熱々はやみつきになるおいしさ！ミートソースとホワイトソース、両方を手作りするのが理想ですが、どちらかひとつは市販品にしても。

POINT

ソースは容器の隅までしっかり詰めて重ねる

材料（19×11.5×高さ5.5cmの耐熱容器1台分）
ミートソース（P.58）＊　250g（全量）
ホワイトソース
（作りやすい分量・約半量を使用）
　バター　40g
　薄力粉　40g
　牛乳　2と1/2カップ
　ローリエ　1枚
　塩・こしょう・（あれば）ナツメグ
　　各少々
ラザニア麺　5枚
ピザ用チーズ　100g
パルメザンチーズ（すりおろし）　適量
オリーブオイル　適量
＊スパゲッティ・ミートソースの作り方
　1、2を参照

1　ホワイトソースを作る。鍋にバターを入れて弱火で溶かし、薄力粉を加える。全体がサラッとするまで木べらで炒める。鍋底をぬれぶきんにあてて冷ます。牛乳を一気に加えて混ぜ、なじませる。ローリエ、塩、こしょう、ナツメグを加えてひと混ぜする。中火にして混ぜながら加熱し、沸騰したら火を止めてローリエを除く。ラザニアには半量を使う。

2　別の鍋に湯を沸かし、塩大さじ1（分量外）とオリーブオイルを加え、ラザニア麺を袋の表示時間通りにゆでる。取り出して重ならないようにざるなどに置く。

3　耐熱の器にオリーブオイルを薄く塗る。ミートソースの1/3量、ラザニア、ホワイトソースの1/3量、ラザニア、ミートソースの1/3量、ラザニア、ホワイトソースの1/3量、ラザニア、ミートソースの1/3量、ラザニア、ホワイトソースの1/3量の順に重ね入れる（**POINT**）。ピザ用チーズとパルメザンチーズをふり、220℃のオーブンで20～30分、こんがりと焼き色がつくまで焼く。

HACHIS PARMENTIER

パルマンティエ

とろりと柔らかいマッシュポテトで
ミートソースをはさみ、オーブンで
こんがり焼きます。マッシュポテトは
メイクイーンで作るとよりなめらか。

POINT
残りのマッシュポテトを
入れて平らにならす

材料（20×11.5×高さ5cmの耐熱容器1台分）
ミートソース（P.58）*　250g（全量）
マッシュポテト
　じゃがいも（メイクイーン）　2個
　牛乳　1/2カップ
　バター　大さじ1
　塩・こしょう　各少々
ピザ用チーズ　50g
パセリ（みじん切り）　適量
＊スパゲッティ・ミートソースの作り方
　1、2を参照

1　マッシュポテトを作る。じゃがいもは乱切りにしてサッと水を通す。耐熱ボウルに入れ、ラップをして電子レンジで3分ほど加熱し、火を通す。熱いうちに裏ごし器ざるを通して裏ごしし、バター、塩、こしょうを混ぜ、さらに牛乳を加えてまんべんなく混ぜる。※裏ごし器がなければ、粒が残るがフォークでつぶしてもOK
2　グラタン皿にマッシュポテトの1/3量を入れて広げ、ミートソースを重ね入れて広げる。残りのマッシュポテトを重ね入れ（**POINT**）、ピザ用チーズをふる。
3　220℃のオーブンで焼き色がつくまで15〜20分焼く。取り出してパセリをふる。

MEAT OMELETTE

ミートオムレツ

とろりと柔らかい卵の中に、
たっぷりの玉ねぎといっしょに炒めた
ひき肉が。みんな大好き、
懐かしい洋食の定番です。

POINT

炒めたひき肉を
卵の手前半分にのせる

材料（2人分）
合いびき肉　240g
玉ねぎ　1個
卵　4個
塩・こしょう　各適量
A｜酒・しょうゆ　各小さじ1
　｜砂糖　小さじ1/2
　｜塩　小さじ1/4
　｜こしょう　少々
バター　適量
トマトケチャップ　適量
パセリ　適量

1　合いびき肉に塩ひとつまみ、こしょう少々を混ぜて下味をつける。玉ねぎは粗みじんに切る。卵を溶きほぐし、塩ひとつまみ、こしょう少々を混ぜておく。

2　フライパンを中火で熱し、1のひき肉を入れて広げ、焼きつける。焼き色がついたら返して同様に焼き、玉ねぎを加えてひき肉をほぐしながらしんなりするまで炒め、Aを加えて混ぜて取り出す。

3　1人分ずつ作る。フライパンにバター小さじ2を中火で熱し、卵液の半量を流し入れて大きく混ぜ、半熟になったら2の半量をのせる（POINT）。卵で包んで器に返す。残りも同様に作る。好みでケチャップとパセリを添える。

MEAT-STUFFED PEPPERS

ピーマンの肉詰め

ピーマンにギュッと肉だねを詰め、
蒸し焼きにして全体に火を通します。
風味のよいパセリの
バターソースを回しかけて。

POINT

ひき肉の面から
先に焼きつける

材料（2人分）
合いびき肉　200g
ピーマン（緑）　2個
ピーマン（赤）　1個
玉ねぎ（みじん切り）　1/5個分
A ┃ 生パン粉　大さじ2
　┃ 牛乳・卵　各大さじ1
　┃ 塩　小さじ1/3
　┃ こしょう　少々
薄力粉　適量
バター　大さじ3
パセリ（みじん切り）　大さじ1

1　ピーマンは縦半分に切って種を除き、内側に薄力粉をふる。合いびき肉に玉ねぎとAを加え、よく練り混ぜる。ピーマンに肉だねを詰める。
2　フライパンに1を肉の面を下にして並べ入れ、中火にかけて焼き色をつける（POINT）。弱火にしてふたをし、全体に火が通るまで蒸し焼きにし、器に盛る。
3　フライパンをペーパーでサッとふき、弱火で熱してバターを溶かす。パセリを加えてソースにし、2にかける。

CHICKEN NUGGETS

ふわふわチキンナゲット

鶏ひき肉に豆腐や卵、マヨネーズを加えた
口の中でほどけるように柔らかなナゲット。
手作りならではのジューシーな食感と
揚げたての熱々を楽しんで。

POINT

豆腐をつぶしながら
手でよく練り混ぜる

材料（2人分）
鶏ひき肉　170g
木綿豆腐　30g
A ┃ 卵　1/2個分
　　薄力粉　大さじ2
　　マヨネーズ　小さじ1
　　塩　小さじ1/3
　　こしょう　少々
　　にんにく（みじん切り）　小1片分
揚げ油　適量
レモン（くし形切り）　2切れ
マスタード　大さじ2
はちみつ　小さじ1

1　豆腐はキッチンペーパーで包んで軽く絞り、水けをきる。ボウルに鶏ひき肉、豆腐、Aを合わせ、粘りが出るまで練り混ぜる（POINT）。
2　揚げ油を180℃に熱し、1の肉だねをスプーンで落とし入れ、浅いきつね色になって火が通るまで揚げる。器に盛り、レモンを添える。マスタードとはちみつを混ぜたソースも添える。

MINCED MEAT CURRY

ひき肉カレーライス

しっかり炒めたひき肉に玉ねぎ、
にんにく、しょうがの香味野菜を
加えて味わい深く。
市販のルーを作って手軽に作りました。

材料（2人分）
合いびき肉　200g
温かいご飯　茶碗2杯分
なす　1個
玉ねぎ（粗みじん切り）　1/2個分
にんにく（みじん切り）　1片分
しょうが（みじん切り）　1かけ分
A　塩　小さじ1/4
　　こしょう　少々
バター　大さじ2
カレールー（市販）　35g（2皿分）
塩・こしょう　各少々
中濃ソース・はちみつ（好みで）　各適量
レーズン　適量
イタリアンパセリ　適量

POINT

ひき肉に香味野菜を加え、
ほぐしながら炒める

1　なすは皮をむき、1.5cm角に切って水につけ、水けをきる。合いびき肉はAを混ぜて下味をつける。

2　鍋を強火で熱し、ひき肉を入れて広げ、焼きつける。焼き色がついたら返して同様に焼く。中火にしてバターを加えて溶かし、玉ねぎ、にんにく、しょうがを加えて玉ねぎがしんなりするまで、ひき肉をざっとほぐしながら炒める（**POINT**）。3分ほど炒めたらなすを加えて炒め合わせる。

3　水250mlを加えてひと煮立ちさせ、アクを除いて火を止め、カレールーを加えて溶かす。弱めの中火にかけてときどき混ぜながら10分ほど煮込み、塩、こしょう、中濃ソース、はちみつで味を調える。器に盛ったご飯にかけ、レーズンを散らしてイタリアンパセリを添える。

HAMBURGER STEAK

ハンバーグ

合いびき肉のおいしさをストレートに味わえる王道のハンバーグ。
両面を焼きつけてから白ワインをふり、
蒸し焼きにしてふっくらと火を通します。

材料（2人分）
ハンバーグだね
　合いびき肉　360g
　玉ねぎ（みじん切り）　1/4個分
　生パン粉　40g
　牛乳　大さじ2と2/3
　卵　1/2個分
　塩　小さじ1/2
　こしょう・ナツメグ　各少々
サラダ油　小さじ1
白ワイン　50ml
トマトケチャップ　大さじ4
ウスターソース　大さじ1
つけ合わせ
　にんじん　1/4本
　アスパラガス　2本
　塩・砂糖　各ひとつまみ
　バター　大さじ1

1　ハンバーグだねを作る。フライパンを弱火で熱し、玉ねぎを入れ、少し透き通ってくるまで5分ほど炒める（**POINT 1**）。取り出して冷ます。

2　生パン粉、牛乳、卵は小さな器に合わせてパン粉をしとらせておく（**POINT 2**）。

3　合いびき肉に塩、こしょう、ナツメグを混ぜて下味をつけ、1の玉ねぎ、2を加えてよく練り混ぜる。

4　2等分にしてキャッチボールをするようにして空気を抜き、表面がなめらかな小判形に成形する。フライパンにサラダ油を中火で熱し、両面に焼き色をつける。白ワインを加えて弱火にし、ふたをして4〜5分蒸し焼きにして火を通し、器に盛る。

5　フライパンに残った焼き汁にケチャップ、ウスターソースを加えて中火で煮詰め、ハンバーグにかける。

6　つけ合わせを作る。にんじんは縦4〜6つ割りにする。アスパラは長さ4cmに切る。にんじんとアスパラをサッと水でぬらし、ラップにのせる。塩、砂糖、バターをのせてラップを閉じ、電子レンジで1〜2分加熱してハンバーグに添える。

MEMO

- ハンバーグの肉だねは、炒め玉ねぎや牛乳、つなぎに卵、パン粉を使います。
- ハンバーグに使う合いびき肉は、脂が多めで牛70％、豚30％の、上質なものが理想です。
- 同じ肉だねでミートローフ（P.68）も作れます。

POINT 1

玉ねぎは炒めておく。
長く炒めると甘く
なりすぎるので注意

POINT 2

パン粉は牛乳、卵と
混ぜ、あらかじめ
しとらせておく

MEATLOAF

ミートローフ

切り分けるとゆで卵やアスパラが現れて、見た目も豪華。
ハンバーグと同じ肉だねを使っていますが、
焼くのはオーブンにおまかせできます。

材料（19×9×高さ6.5cmの耐熱容器1台分）
ハンバーグだね（P.66）＊　全量
アスパラガス（塩ゆで）　2本
ゆで卵　3個
A ｜ ウスターソース　大さじ1
　　｜ トマトケチャップ　大さじ1
サラダ油　適量
B ｜ トマトケチャップ　大さじ3
　　｜ ウスターソース　大さじ1
　　｜ 粒マスタード（好みで）　適量
　　｜ 塩・こしょう・サラダ油　各少々
ルッコラ　適量
＊ハンバーグの作り方**1**〜**3**を参照

1. ハンバーグだねに**A**を加えて混ぜる（**POINT 1**）。型にアルミホイルをぴっちりと敷き、サラダ油を塗って肉だねの半量を詰める。
2. ゆで卵、アスパラガスを並べ入れて少し押し込んで埋め（**POINT 2**）、残りのハンバーグだねをのせてすきまなくおおう。200℃のオーブンで40〜50分、火が通るまで焼き、取り出して粗熱をとる。
3. 小鍋に**B**を入れてひと煮立ちさせてソースを作る。**2**のミートローフを食べやすく切って器に盛り、ソースをかけてルッコラを添える。

MEMO

- ミートローフのソースは、ケチャップやウスターソースなどの調味料を合わせ、鍋でひと煮立ちさせて作ります。
- もし焼いたミートローフの型に焼き汁が残っていたら、それを合わせてもおいしくできます。

POINT 1
ハンバーグだねに
ウスターソースと
ケチャップを混ぜる

POINT 2
肉だねにゆで卵と
アスパラを
並べて入れる

MINCED CHICKEN RICE

ひき肉チキンライス

甘みのあるケチャップはご飯と相性がよく、
子どもから大人まで大好きな味。
鶏ひき肉で作ると、切る必要がなく、
ご飯となじみやすくなります。

材料（2人分）
鶏ひき肉　60g
温かいご飯　茶碗2杯分
玉ねぎ　60g
マッシュルーム　4個
塩・こしょう　各適量
バター　大さじ2
トマトケチャップ　大さじ3
クレソン　適量

POINT

ひき肉を炒め、バターや
玉ねぎなどを加える

1　玉ねぎは1cm角に切る。マッシュルームは縦半分に切り、薄切りにする。鶏ひき肉は塩・こしょう各少々をふる。
2　フライパンを中火で熱し、1のひき肉をほぐしながら炒める。バターと玉ねぎ、マッシュルームを加えて炒め合わせる（POINT）。
3　ケチャップを加えて軽く混ぜ、ご飯を加えてほぐしながらまんべんなく炒め合わせる。塩・こしょう各少々で味を調える。茶碗に詰めて器に返して盛り、クレソンを添える。

MEMO

● ひき肉は大きめにほぐしておくと食べごたえが出ます。

MINCED CHICKEN PILAF

鶏ひき肉ピラフ

米を炒めてから炊飯器で炊く、
本格派のチキンピラフ。
ひき肉や玉ねぎ、にんじんなどの具材の
うまみをしっかり吸ったご飯が絶品です。

材料（作りやすい分量）
鶏ひき肉　150g
米　2合
玉ねぎ（粗みじん切り）　1/2個分
にんじん（粗みじん切り）　1/4本分
さやいんげん　3本
塩・こしょう　各少々
バター　大さじ2
A｜塩　小さじ1
　｜洋風スープの素　小さじ1
　｜こしょう　少々

POINT

米が少し透き通って
くるまで炒める

1　米は洗って浸水させ、ざるに上げる。鶏ひき肉に塩、こしょうをふる。
2　フライパンにバターを中火で熱し、ひき肉、玉ねぎ、にんじんを炒める。玉ねぎがしんなりしてきたら米を加えて透き通るまで炒める（**POINT**）。Aを加えて混ぜる。
3　2を炊飯器の内釜に入れ、2合の目盛りまで水を加えて普通に炊く。
4　さやいんげんはラップで包み、電子レンジで30秒ほど加熱する。端を落として1cm長さに切る。ピラフが炊き上がったらいんげんを加えて混ぜる。

GAPRAO RICE

ガパオライス

バジルの香りが食欲をそそる人気のタイ料理。
ナンプラーやオイスターソースなど、強いうまみのある調味料を使って鶏ひき肉を炒めます。
好みで目玉焼きをのせても。

材料（2人分）
鶏ひき肉　200g
バジル　適量
玉ねぎ　30g
赤ピーマン　30g
にんにく　1片
赤唐辛子　1〜2本
A｜塩　ひとつまみ
　｜こしょう　少々
サラダ油　大さじ2
B｜オイスターソース　大さじ1と1/2
　｜ナンプラー・砂糖　各小さじ1
　｜水　大さじ2
温かいご飯　茶碗2杯分

1　鶏ひき肉にAを混ぜて下味をつける。玉ねぎは1cm角に切る。赤ピーマンは1cm四方に切る。にんにく、赤唐辛子はみじん切りにする。

2　フライパンにサラダ油を中火で熱し、にんにく、赤唐辛子と1のひき肉を入れて広げ、薄く焼き色をつける。返して同様に焼き（POINT 1）、大きめにほぐしながら炒める。

3　Bを加えて混ぜ、水けがほとんどなくなるまで煮詰める（POINT 2）。玉ねぎ、赤ピーマンを加えて炒め合わせ、最後にバジルを加えてサッと炒める。器に盛ったご飯にかける。

MEMO

- ナンプラーはタイ料理の代表的な調味料。塩漬けしたかたくちいわしを発酵熟成させたもので、強いうまみと塩け、独特の香りがあります。
- 炒飯や野菜炒め、エスニック風サラダのドレッシングなどにも使えます。
- ベトナムのニョクマムや日本のしょっつる、いしるも魚醤のひとつです。

POINT 1
ひき肉を炒めて焼き色がついたら返して裏も焼く

POINT 2
合わせ調味料を加えて煮詰め、味を含ませる

PAD THAI

パッタイ

ほのかな酸味と甘みがあり、食が進む
タイ風の焼きそば。たくあんや厚揚げ、
ピーナッツなどが入って食感も楽しい！
タマリンドの代わりに練り梅を使いました。

POINT

卵液を加えたらすぐに
菜箸で大きく混ぜる

材料（2人分）
豚ひき肉　100g
フォー（乾）　100g
赤玉ねぎ（薄切り）　1/4個分
たくあん（みじん切り）　20g
厚揚げ（1cm角切り）　40g
にら　4本
もやし　50g
卵　2個
ピーナッツ（粗みじん切り）　30g
塩　ひとつまみ
サラダ油　大さじ2

A　レモン汁　1/2個分
　　オイスターソース・砂糖
　　　各大さじ1
　　練り梅　小さじ2
　　ナンプラー　小さじ2
レモン（くし形切り）　2切れ
香菜　適量

1　豚ひき肉は塩を混ぜ、下味をつける。にらは4cm長さに切る。もやしはひげ根を除く。フォーは熱湯で3〜4分ゆでてざるに上げ、流水で冷まして水けをきる。

2　フライパンにサラダ油を中火で熱し、1のひき肉を入れて広げ、焼きつける。焼き色がついたら返して同様に焼き、赤玉ねぎ、たくあん、厚揚げを加えてほぐしながら炒める。

3　フォーを加えてサッと炒め、フライパンのあいたところにほぐした卵を流し入れて大きく混ぜながら全体に炒め合わせる（POINT）。Aを加えて混ぜ、にらともやしを加えてサッと炒め合わせる。器に盛り、ピーナッツをのせ、レモン、香菜を添える。

SINGAPORE RICE NOODLES

シンガポールビーフン

ビーフンをカレー味にするとシンガポール風に。
具材を炒め合わせたら、
中華スープやひき肉のうまみを、ビーフンに
しっかり吸わせるのがおいしさの秘訣。

POINT

あいたところに
カレー粉を加えて炒める

材料（2人分）
豚ひき肉　80g
ビーフン（乾）　120g
きくらげ（乾）　5g
玉ねぎ　1/4個
にんじん　1/3本
にら　40g
しょうが　1かけ
にんにく　1片
A　塩・こしょう　各少々
サラダ油　小さじ2
カレー粉　大さじ1

B　中華スープ　1カップ
　　しょうゆ・酒　各小さじ2
　　塩・砂糖　各小さじ1/2
　　こしょう　少々
ごま油　小さじ2

1　ビーフンはぬるま湯につけて戻し、水けをきる。きくらげは水で戻す。豚ひき肉は**A**を混ぜて下味をつける。玉ねぎは薄切りにする。きくらげ、にんじん、しょうが、にんにくはせん切りにする。にらは4cm長さに切る。

2　フライパンにサラダ油を中火で熱し、1のひき肉を入れて広げ、焼きつける。焼き色がついたら返して同様に焼き、玉ねぎ、にんじん、しょうが、にんにくを加えて、ほぐしながら炒め合わせる。

3　カレー粉を加えて炒め（**POINT**）、きくらげ、ビーフンを加えてまんべんなく炒め合わせる。**B**を加えて混ぜながら炒め、汁けがなくなってきたらにらを加え、ごま油を回しかける。

NASI GORENG

ナシゴレン

インドネシアやマレーシアで人気の焼き飯。
ナシはご飯、ゴレンは炒めるという意味です。
辛みや甘みのバランスがよいのが特徴。
多めの油でカリッと焼いた目玉焼きをのせて。

材料（2人分）
合いびき肉　70g
温かいご飯　茶碗2杯分
玉ねぎ　1/4個
ピーマン　1個
にんにく　1片
卵　2個
A ｜ 塩・こしょう　各少々
B ｜ ナンプラー・オイスターソース・
　　｜ トマトケチャップ　各小さじ1
　　｜ カレー粉　小さじ1/2
　　｜ 赤唐辛子（小）　1本
　　｜ 塩・こしょう　各少々
サラダ油　小さじ1～2
香菜　適量

POINT

へらでご飯をていねいに
ほぐしながら炒める

1　合いびき肉は**A**を混ぜて下味をつける。玉ねぎは1cm角に切る。ピーマンは1cm四方に切る。にんにくはみじん切りにする。

2　フライパンを中火で熱し、**1**のひき肉を入れて広げ、焼きつける。焼き色がついたら返して同様に焼き、にんにくを加えてほぐしながら炒める。**1**の玉ねぎとピーマン、**B**を加えて炒め、まんべんなく混ぜたらご飯を加えて炒め合わせ（**POINT**）、器に盛る。

3　フライパンをサッと洗い、サラダ油を中火で熱し、卵を割り入れて半熟の目玉焼きを作り、**2**にのせて香菜を添える。

CHILI CON CARNE

チリコンカン

メキシコやアメリカ南部の名物料理。
たっぷりのひき肉とミックスビーンズを
トマトソースで煮ます。煮る時間が短めで、
フライパンひとつでできるので手軽。

材料（2人分）
合いびき肉　200g
玉ねぎ　1/2個
にんにく　1片
ミックスビーンズ（水煮）　1缶（100g）
A｜トマトソース（市販）　250㎖
　｜チリパウダー　小さじ1
　｜塩　小さじ1/3
シュレッドチーズ（サラダ用／好みで）
　適量
トルティーヤチップス　適量

POINT

玉ねぎがしんなりしたら
ミックスビーンズを加える

1　玉ねぎ、にんにくはみじん切りにする。フライパンを中火で熱し、合いびき肉をほぐしながらよく炒め、玉ねぎ、にんにくを加えて炒め合わせる。
2　ミックスビーンズを加えて混ぜ（**POINT**）、**A**を加えて10分ほど煮る。器に盛り、シュレッドチーズをのせ、トルティーヤチップスを添える。

COLUMN 2

肉だんごのバリエーション①

MEATBALLS
ミートボール

柔らかくて食べやすいミートボール。
ミートボール肉だねは基本的に同じですが、3つのバリエーションをご紹介します。

MILANESE MEATBALLS
ミートボールの
ミラノ風トマト煮込み

基本のミートボールだねにレーズンやパルメザンチーズを混ぜ込んで。
おいしそうな焼き色をつけてから、トマトソースで煮込みます。

>> 作り方は80ページ

CREAMY MEATBALLS
ミートボールのクリームシチュー

生クリームを加えた濃厚で本格的な味わいのクリームシチュー。ふんわり、柔らかい口あたりのミートボールがよく合います。

>> 作り方は81ページ

MINI SCOTCH EGGS
ミニスコッチエッグ

うずらの卵を使ったスコッチエッグ。
切り口がかわいいうえ、
小さいサイズなので
お弁当のおかずにもぴったりです。

>> 作り方は81ページ

MEATBALL PATTIES
ミートボール肉だね

材料
合いびき肉　350g
生パン粉　50g
牛乳　大さじ2
卵　1個
塩　小さじ1/3
こしょう　少々

1　卵をほぐし、生パン粉、牛乳を加え、パン粉をしとらせておく。
2　ボウルに合いびき肉と塩、こしょうを入れて混ぜ、1を合わせてよく練り混ぜる。

[保存する場合]

ジッパーつき保存袋に入れ、薄く平らにならし、冷蔵庫で2日保存できる。冷凍庫では3週間保存できる。解凍する場合は前日に冷蔵庫に移しておく。急ぐ場合は、電子レンジの解凍モードで解凍する。

MILANESE MEATBALLS
ミートボールの
ミラノ風トマト煮込み

材料（2〜3人分）
ミートボール肉だね（左記）　全量
レーズン（粗く刻む）　大さじ1
パルメザンチーズ（すりおろし）　20g
にんにく（みじん切り）　1片分
トマトソース（市販）　250㎖
オリーブオイル　小さじ2
イタリアンパセリ　適量

1　ミートボールだねにレーズン、パルメザンチーズ、にんにくを加え、よく混ぜる。9〜10等分してボール状に丸める。
2　鍋にオリーブオイルを強火で熱し、ミートボールを入れて転がしながら表面に焼き色をつける。
3　余分な油をキッチンペーパーなどでふき取る。中火にしてトマトソースを加え、10〜15分火が通るまで煮る。器に盛り、イタリアンパセリを添える。

CREAMY MEATBALLS
ミートボールのクリームシチュー

材料（4人分）
ミートボール肉だね（P.80）　全量
にんじん　1/4本
玉ねぎ　1/2個
マッシュルーム　4個
バター　適量
薄力粉　30g
洋風スープ　2カップ
牛乳　1と1/2カップ
ローリエ　1枚
生クリーム　1/4カップ
塩　適量
こしょう　少々
ブロッコリー（小房に分ける）　4房

1 にんじんは一口大の乱切りにする。玉ねぎはくし形切りにする。マッシュルームは縦半分に切る。ミートボールだねを12等分してボール状に丸める。

2 鍋にバター少々を中火で熱し、ミートボールを入れて転がしながら表面に焼き色をつける。バター30gを加え、にんじん、玉ねぎ、マッシュルームを加えて炒める。

3 薄力粉をふり入れてさらに炒め合わせる。洋風スープと牛乳を少しずつ加えて薄力粉と混ぜ合わせる。ローリエを入れて15分煮込む。

4 生クリームを加えて混ぜ、塩少々、こしょうで味を調える。ブロッコリーはサッと水でぬらし、ラップに包み、塩少々をふって電子レンジで40〜50秒加熱する。クリームシチューをブロッコリーとともに器に盛る。

MINI SCOTCH EGGS
ミニスコッチエッグ

材料（6個分）
ミートボール肉だね（P.80）　全量
うずらの卵（水煮）　6個
薄力粉　適量
バッター液
　薄力粉　大さじ4
　卵液　1個分
　水　大さじ2
パン粉　適量
揚げ油　適量
ウスターソース・トマトケチャップ
　各小さじ2

1 ミートボールだねを6等分にする。うずらの卵は水けをふき、薄力粉を薄くまぶす。うずらの卵をミートボールだねで包む。

2 バッター液の材料を混ぜる。1に薄力粉をまぶし、バッター液をつけ、パン粉をまぶしつける。

3 揚げ油を160℃に熱し、2を5〜6分かけてきつね色になるまで揚げる。器に盛り、ウスターソースとケチャップを混ぜて添える。

COLUMN 2

肉だんごのバリエーション②

CABBAGE ROLLS
ロールキャベツ

柔らかい肉だねとよく煮て甘みのあるキャベツが相性抜群。
和風ロールキャベツは肉だねがちょっと違う特別版です。

CONSOMME CABBAGE ROLLS
ロールキャベツ

コンソメスープで煮込んだ
オーソドックスなロールキャベツ。
よく煮て柔らかくなったキャベツと
合いびき肉の肉だねが抜群の相性です。

>> 作り方は85ページ

TOMATO CABBAGE ROLLS
トマト ロールキャベツ

基本の肉だねにレーズンや
パルメザンチーズを混ぜ込みます。
オリーブ入りのトマトソースで
じっくり煮たイタリアン風の一品。

>> 作り方は85ページ

JAPANESE CABBAGE ROLLS
和風ロールキャベツ

合いびき肉にご飯を混ぜ、
だし汁で煮て和風にアレンジ。
煮汁にとろみをつけてあんかけにし、
なめらかで優しい味に仕立てます。

>> 作り方は86ページ

CABBAGE ROLLS GRATIN
焼きロールキャベツ

デミグラスソースと白ワインを
混ぜてかけ、オーブンで焼きます。
最後にピザ用チーズをふり、
香ばしい焼き色をつけて。

>> 作り方は86ページ

CABBAGE ROLL PATTIES
ロールキャベツ肉だね

材料
合いびき肉　250g
生パン粉　40g
牛乳　大さじ1と1/3
卵　1個
塩　小さじ1/3
こしょう　少々

1　卵をほぐし、生パン粉、牛乳を加え、パン粉をしとらせておく。
2　ボウルに合いびき肉と塩、こしょうを入れて混ぜ、1を合わせてよく練り混ぜる。
※和風ロールキャベツは例外的に別の肉だねを使う

[保存する場合]

ジッパーつき保存袋に入れ、薄く、平らにならし、冷蔵庫で2日保存できる。冷凍庫では3週間保存できる。解凍する場合は前日に冷蔵庫に移しておく。急ぐ場合は、電子レンジの解凍モードで解凍する。

断面はコチラ！

ロールキャベツ

トマトロールキャベツ

和風ロールキャベツ

焼きロールキャベツ

CONSOMME CABBAGE ROLLS
ロールキャベツ

材料（2人分）
ロールキャベツ肉だね（P.84）　全量
キャベツ（大）　4枚
洋風スープの素　小さじ1/4
白ワイン　50ml
塩・こしょう　各少々

1　キャベツは破らないように葉を取る。塩水（分量外）をくぐらせて耐熱容器にのせ、ラップをして電子レンジで3分ほど柔らかくなるまで加熱する。
2　ロールキャベツ肉だねは4等分して俵形にまとめる。キャベツの水けをきり、肉だねをのせてすきまがないようにきっちりと包む。
3　小鍋に2を並べ入れ、水をひたひたになるまで注ぐ。洋風スープの素、白ワインを加えて弱火で30分ほど煮る。塩、こしょうで味を調える。

TOMATO CABBAGE ROLLS
トマトロールキャベツ

材料（2人分）
ロールキャベツ肉だね（P.84）　全量
キャベツ（大）　4枚
A　レーズン　大さじ1
　　パルメザンチーズ（すりおろし）　20g
　　にんにく（みじん切り）　1片分
にんにく（つぶす）　1片
赤唐辛子　1本
トマトソース（市販）　1カップ
白ワイン　大さじ2
ブラックオリーブ（種なし・輪切り）　8個分
オリーブオイル　大さじ2
塩・こしょう　各少々

1　キャベツは破らないように葉を取る。塩水（分量外）をくぐらせて耐熱容器にのせ、ラップをして電子レンジで3分ほど柔らかくなるまで加熱する。
2　ロールキャベツ肉だねはAを加えて混ぜ、4等分して俵形にまとめる。キャベツの水けをきり、肉だねをのせてすきまがないようにきっちりと包む。
3　小鍋にオリーブオイルを入れ、つぶしたにんにく、赤唐辛子を加えて中火にかける。2を並べ入れて転がしながらサッと表面を炒める。トマトソースを加え、水をひたひたになるまで注ぐ。白ワイン、ブラックオリーブを加えてふたをし、弱火で30分ほど煮る。塩、こしょうで味を調える。

JAPANESE CABBAGE ROLLS
和風ロールキャベツ

材料（2人分）
合いびき肉　250g
キャベツ（大）　4枚
A　塩　小さじ1/3
　　こしょう　少々
　　冷やご飯　40g
　　溶き卵　1/2個分
しめじ　30g
だし汁　適量
酒　大さじ2
薄口しょうゆ・みりん
　各大さじ1
塩・こしょう　各少々
片栗粉　小さじ2
しょうが（すりおろし）
　適量

1　キャベツは破らないように葉を取る。塩水（分量外）をくぐらせて耐熱容器にのせ、ラップをして電子レンジで3分ほど柔らかくなるまで加熱する。
2　合いびき肉にAを順に加えてよく練り混ぜ、4等分して俵形にまとめる。キャベツの水けをきり、肉だねをのせてすきまがないようにきっちりと包む。
3　小鍋に2を並べ入れ、だし汁をひたひたになるまで注ぐ。酒、薄口しょうゆ、みりんを加えて煮立て、弱火にしてふたをし、30分ほど煮る。塩、こしょうで味を調え、ロールキャベツを器に盛る。
4　鍋に残った煮汁に3cm長さに切ったしめじを加え、サッと煮る。片栗粉と水大さじ1と1/2を混ぜて鍋に加え、かき混ぜてとろみをつける。3のロールキャベツにかけて、しょうがをのせる。

CABBAGE ROLLS GRATIN
焼きロールキャベツ

材料（2人分）
ロールキャベツ肉だね（P.84）　全量
キャベツ（大）　4枚
にんにく（すりおろし）　小さじ1
デミグラスソース（缶）　1/2カップ
白ワイン　大さじ2
ピザ用チーズ　50g
オリーブオイル　適量

1　キャベツは破らないように葉を取る。塩水（分量外）をくぐらせて耐熱容器にのせ、ラップをして電子レンジで3分ほど柔らかくなるまで加熱する。
2　ロールキャベツ肉だねはにんにくを加えて混ぜ、4等分にして俵形にまとめる。キャベツの水けをきり、肉だねをのせてすきまがないようにきっちりと包む。
3　耐熱の器にオリーブオイルを塗り、2を並べ入れる。デミグラスソースに白ワインを混ぜて回しかける。180℃のオーブンで15分ほど焼く。取り出してピザ用チーズをふり、200℃に温度を上げてオーブンでさらに焼き色がつくまで焼く。

3

APPETIZERS,
SALADS
AND SOUPS

おつまみ
サラダ
スープ

酒のつまみやサラダ、スープなどの
サイドディッシュも、ひき肉の得意分野です。
時間と手間を節約してサッと作ったり、
定番レシピにひき肉をプラスして
強いうまみを加えたり。
この一品で食卓がグンと充実します。

MINCED MEAT AND NATTO WITH KIMCHI

ひき肉納豆キムチ炒め

納豆やキムチ、にらなど
ひとクセある素材をひき肉に合わせて
ビールにもチューハイにも合うおつまみに。
炒めていくだけなので簡単にできます。

材料（2人分）
豚ひき肉　100g
納豆　1パック（40g）
白菜キムチ　60g
にら　1/2束（50g）
塩　ひとつまみ
しょうゆ・酒・砂糖　各小さじ1/3

POINT

ひき肉を炒め終えてから
納豆を加える

1　豚ひき肉に塩を混ぜて下味をつける。キムチは大きければ一口大に切る。にらは4cm長さに切る。
2　フライパンを中火で熱し、1のひき肉を入れて広げ、焼きつける。焼き色がついたら返して同様に焼き、しょうゆ、酒、砂糖を加えてほぐしながら炒める。
3　納豆に添付のたれを混ぜ、フライパンのあいたところに加えて炒める（POINT）。キムチとにらを加えて、サッと炒め合わせる。

MEMO

● パンチのある味つけなのでお酒のつまみにぴったりですが、ご飯にも合います。丼にするのもおすすめ。

CRISPY LOTUS ROOT

れんこんはさみ揚げ

シャキッとした歯ごたえのれんこんで
柔らかい肉だねをはさんで。
市販の天ぷら粉を使えば
面倒な衣作りも簡単です。

材料（2人分）
鶏ひき肉　120g
れんこん（3mm厚さの輪切り）
　12枚（約150g）
干ししいたけ　2枚
長ねぎ・しょうが（みじん切り）
　各小さじ1
A｜しょうゆ・酒・片栗粉　各小さじ1/2
　｜塩　小さじ1/3
片栗粉　適量
天ぷら粉（市販）　適量
揚げ油　適量

POINT

もう1枚のれんこんではさみ、
しっかり指で押さえる

1　干ししいたけは水で戻してみじん切りにする。れんこんは酢水（分量外）につけておく。
2　鶏ひき肉、A、干ししいたけ、長ねぎ、しょうがを混ぜて肉だねにする。
3　れんこんの水けをふき取り、片面に片栗粉をふる。粉をふった面に、2の肉だねの1/6量をのせて広げる。れんこんの片栗粉をふった面を肉だねに重ねてのせ、指で押さえてしっかりとつける（POINT）。天ぷら粉に規定の水の分量を加えて混ぜ、衣を作る。
4　揚げ油を160℃に熱し、れんこんに衣をつけて揚げる。器に盛り、好みで塩（分量外）を添える。

なすのそぼろ田楽

なすを揚げ焼きにし、肉みそをたっぷりはさみます。

材料（2人分）
肉みそ
　鶏ひき肉　70g
　砂糖・みりん・酒・赤みそ*・水
　　各大さじ1
なす　2個
青じそ　2枚
揚げ油　適量
＊なければ同量の合わせみそでOK

1. なすは、厚みの半分くらいまで縦に1本切り込みを入れる。鍋に揚げ油を1cm深さまで入れて中火で熱し、なすをときどき転がしながら3〜4分かけて柔らかくなるまで揚げ焼きにする。
2. 小鍋に肉みその材料をすべて入れて混ぜる。中火にかけ、鶏ひき肉に火が通って全体に照りが出るまで絶えず混ぜる。
3. 1のなすの切り込みに青じそをはさみ、肉みそをのせる。

そぼろのレタス包み

具だくさんの肉だねは濃厚な味。レタスによく合います。

材料（2人分）
豚ひき肉　80g
A　酒・しょうゆ・みりん・
　　溶き卵　各小さじ1/2
干ししいたけ　2枚
玉ねぎ　1/4個
たけのこ（水煮）　50g
にんにく（みじん切り）
　1片分
レタスの葉　適量
ごま油　小さじ1

B　オイスターソース・
　　水　各大さじ1
　片栗粉　小さじ1
　酒・しょうゆ・砂糖
　　各小さじ1/2
　こしょう　少々

1. 干ししいたけは水で戻して1cm角に切る。玉ねぎ、たけのこは1cm角に切る。豚ひき肉にAを混ぜる。
2. フライパンを中火で熱し、1のひき肉を入れて広げ、焼き色がついたら返して同様に焼く。ごま油を回し入れ、玉ねぎ、たけのこ、干ししいたけ、にんにくを加えてサッと炒め合わせる。
3. Bを加えて混ぜ、煮からめる。器に盛ったレタスの葉にのせる。

SIMMERED HIJIKI SEAWEED WITH SOBORO

MINCED PORK IN MISO

そぼろひじき煮

いつものひじき煮もひき肉を加えてうまみをプラス。

材料(2人分)
鶏ひき肉　60g
ひじき(乾)　15g
にんじん　1/4本
さやいんげん　3本
A ┃ 酒　小さじ1
　┃ しょうゆ・片栗粉
　┃ 　各小さじ1/2
ごま油　小さじ2

B ┃ だし汁　1/4カップ
　┃ 酒・砂糖　各大さじ1
　┃ しょうゆ　小さじ2
　┃ みりん　小さじ1

1　ひじきは水で戻す。鶏ひき肉にAを混ぜて下味をつける。さやいんげんは端を落とし、3cm長さに切る。にんじんは3cm長さの細切りにする。
2　フライパンにごま油を中火で熱し、1のひき肉を入れて広げ、焼きつける。焼き色がついたら返して同様に焼く。
3　にんじん、いんげんを加えて炒め、水けをきったひじきを加えてサッと炒める。Bを加えて混ぜ、10分ほど煮含める。

豚みそ

生野菜に甘みのある豚みそを添えます。

材料(作りやすい量)
豚ひき肉　200g
しょうが(粗みじん切り)　30g
A ┃ みそ　100g
　┃ 砂糖　90g
　┃ みりん　50ml
　┃ 酒　大さじ1と1/3
きゅうり　適量

1　鍋を中火に熱し、豚ひき肉をほぐしながらよく炒め、余分な脂をキッチンペーパーなどでふき取る。
2　しょうがを加えて炒め合わせ、Aを加えてひと煮立ちさせる。器に適量を盛り、縦4つ割りにして5cm長さに切ったきゅうりを添える。
※豚みそは冷蔵庫で1週間、冷凍庫で1か月ほど保存できる。ご飯やうどん、豆腐にも合う。

SAMOSA

BEEF TACOS

サモサ風おつまみ

インド風のおつまみをカリッと焼いてビールのおともに!

材料（6個分）
牛ひき肉　60g
じゃがいも（皮つき）　1個
玉ねぎ（みじん切り）　1/6個分
にんにく（みじん切り）　1片分
冷凍グリーンピース（あれば）　20g
冷凍パイシート　1と1/2枚
A　塩・こしょう　各少々
B　カレー粉　小さじ1
　　塩　小さじ1/2
　　砂糖　ひとつまみ

1　牛ひき肉にAを混ぜる。フライパンでひき肉、玉ねぎ、にんにくを中火で炒め、Bを混ぜる。
2　じゃがいもはゆでて皮をむき、フォークでつぶし、1とグリーンピースを混ぜる。
3　冷凍パイシートを硬めに戻して1枚を4等分に切る。2を1/6量ずつのせて、三角にとじる。オーブンの天板に並べ入れ、220℃のオーブンで15分ほど焼き色がつくまで焼く。

タコス

豆とひき肉を炒め、トルティーヤにはさんで。

材料（2個分）
牛ひき肉　60g
トルティーヤ　2枚
玉ねぎ（みじん切り）　30g
キドニービーンズ（缶）　60g
アボカド　1/4個
A　塩　小さじ1/3
　　カレー粉・クミン・チリパウダー
　　　　各小さじ1/4
B　完熟トマト（1cm角切り）　1/2個分
　　玉ねぎ（みじん切り）　20g
　　塩・こしょう・レモン汁　各少々
サワークリーム　大さじ2
塩　小さじ1/2

1　牛ひき肉にAを混ぜる。アボカドは薄く切る。
2　フライパンを中火で熱し、1のひき肉、玉ねぎ、キドニービーンズを炒めて塩をふる。
3　トルティーヤにアボカド、2、混ぜ合わせたB、サワークリームをはさむ。

KEBAB-STYLE MINCED MEAT ROAST

THAI MINCED PORK SALAD

ケバブ風スパイシーロースト

香味野菜やスパイスをしっかりきかせます。

材料（4個分）
牛ひき肉　300g
A　香菜（みじん切り）
　　4本分
　玉ねぎ（みじん切り）
　　1/4個分
　にんにく（みじん切り）
　　1片分
　しょうが（みじん切り）
　　1かけ分
　カレー粉　小さじ1
　塩　小さじ1/2
　こしょう　少々
　クミン（あれば）　小さじ1/2
B　プレーンヨーグルト
　　大さじ4
　にんにく（すりおろし）
　　小さじ1/3
　香菜　適量

1　牛ひき肉とAを合わせて混ぜる。4等分にして縦長に成形する。
2　オーブンシートを敷いた天板に並べ入れ、220℃のオーブンで15分ほど焼き、器に盛って香菜を添える。Bを混ぜて添える。

タイ風サラダ

ナンプラーの香りが食欲をそそるエスニックサラダ。

材料（2人分）
豚ひき肉　100g
グリーンカール　2枚
赤玉ねぎ（薄切り）
　1/2個分
セロリ　1/2本
きゅうり　1本
トマト　1個
A　にんにく（すりおろし）・
　ナンプラー
　　各小さじ1
B　レモン汁　大さじ2
　砂糖・ナンプラー
　　各小さじ2
　粉唐辛子　小さじ1/4

1　豚ひき肉にAを混ぜる。フライパンを強火で熱し、ひき肉を炒める。
2　グリーンカールは食べやすくちぎる。赤玉ねぎは水にさらして水けをきる。セロリ、きゅうりは5cm長さの拍子木切りにする。トマトは薄いくし形切りにする。
3　器にグリーンカールを敷き、残りの2とBを混ぜて盛り、1をのせる。

CHICKEN MEATBALL SOUP

WONTON SOUP

鶏だんごスープ

和風だしで鶏だんごを煮た優しい味わいのスープ。

材料（2人分）
鶏ひき肉　200g
クレソン　1束
A｜卵　1/2個分
　｜酒　小さじ2
　｜しょうが汁・片栗粉　各小さじ1
　｜しょうゆ　小さじ1/2
　｜塩　小さじ1/3
　｜こしょう　少々
だし汁　2と1/2カップ
薄口しょうゆ・酒・みりん　各小さじ2
塩　少々

1　鶏ひき肉にAを合わせてよく練り混ぜる。
2　鍋にだし汁を入れて煮立て、1の肉だねをスプーンで落とし入れる。弱火で15分ほど煮て、薄口しょうゆ、酒、みりん、塩を加える。食べやすく切ったクレソンを加えてサッと煮る。

ワンタンスープ

つるんとした食感がワンタンの魅力。体もほかほかに。

材料（2人分）
豚ひき肉　100g
ワンタンの皮　12枚
長ねぎ　1/3本（30g）
にんじん　1/5本（30g）
にら　1/4〜1/3束（30g）
A｜しょうゆ・酒
　｜　各小さじ1/2
　｜しょうが（すりおろし）
　｜　小さじ1/3
　｜塩　ひとつまみ
　｜こしょう　少々
B｜中華スープ
　｜　2カップ
　｜酒・しょうゆ
　｜　各大さじ1/2
　｜オイスターソース
　｜　小さじ1
　｜塩　小さじ1/4
　｜ラー油（好みで）
　｜　大さじ1/2

1　長ねぎ、にんじんは4cm長さの細切りにする。にらは4cm長さに切る。
2　豚ひき肉にAを入れて練り混ぜ、ワンタンの皮で包む。
3　鍋にBを沸かして、2のワンタンを入れる。ワンタンが浮いてきたら長ねぎとにんじんを入れてサッと煮る。火を止めて、にらとラー油を加える。

STEAMED MINCED PORK SOUP

MINCED MEAT MINESTRONE

豚ひき肉蒸しスープ

蒸して素材の味を引き出す本格派。意外に簡単。

材料（2人分）
豚ひき肉　100g
干ししいたけ　1枚
れんこん　30g
A　しょうが（みじん切り）　小さじ1
　　紹興酒（なければ酒）　大さじ2
　　しょうゆ　大さじ1と1/2
しょうが（せん切り）　適量

1. 干ししいたけは水300mlで戻し、粗みじんに切る。戻し汁はとっておく。れんこんは粗みじんに切る。
2. 豚ひき肉に干ししいたけ、れんこんとAを入れてよく混ぜる。干ししいたけの戻し汁を少しずつ加えながら混ぜる。
3. 耐熱の器に2を入れ、蒸気が上がった蒸し器に器ごと入れ、強火で5分蒸す。中火にしてさらに10分ほど蒸し、汁が透き通ってきたらでき上がり。取り出して、しょうがをのせる。

ひき肉ミネストローネ

野菜たっぷりのイタリアンスープにひき肉をプラス。

材料（2人分）
合いびき肉　100g
玉ねぎ　1/2個
キャベツ　1/6個
にんじん　1/4本
じゃがいも　1/2個
にんにく（みじん切り）　1片分
A　塩　小さじ1/3
　　こしょう　少々
オリーブオイル　大さじ2
洋風スープ　2と1/2カップ
トマトペースト　大さじ2
塩・こしょう　各少々
パセリ（みじん切り）　適量

1. 合いびき肉にAを混ぜて下味をつけ、冷蔵庫に30分ほどおく。余分な水分が出たら除く。玉ねぎ、キャベツ、にんじん、じゃがいもは1cm角に切る。じゃがいもは水にさらさない。
2. 鍋にオリーブオイルを中火で熱し、1のひき肉を入れて広げ、焼きつける。焼き色がついたら返して同様に焼く。玉ねぎ、キャベツ、にんじん、にんにくを加え、ひき肉をほぐしながら炒める。
3. 洋風スープ、トマトペースト、じゃがいもを加え、じゃがいもに火が通るまで煮る。塩、こしょうで味を調える。器に盛り、パセリをのせる。

中村奈津子
Natsuko Nakamura

料理研究家。
田中伶子クッキングスクール校長。日本女子大学食物学科卒業後、ニューヨークのニュースクール、フィレンツェのラ・フォールアカデミーで学び、香港で中華料理も習得。家庭料理を教えるプロとしての確かな技術に加え、海外在住経験など幅広い知識を生かしたレシピに定評がある。料理教室運営のほか、企業への食関連の商品開発アドバイスや、テレビ番組のグルメコーナーでも活躍。
2021年から米国カリフォルニア州オレンジカウンティ在住。現地料理や食材に親しみ、レシピ開発に注力している。著書に『銀座で50年続く予約2年待ちの料理教室 一生使えるレシピ』(KADOKAWA)、『衝撃的においしい鶏むねレシピ』(主婦と生活社)などがある。

田中伶子クッキングスクール
http://www.tanakacook.com

Staff
取材・構成　　　　西前圭子
撮影　　　　　　　合田昌弘
スタイリング　　　澤入美佳
アートディレクション　藤崎良嗣 pond inc.
ブックデザイン　　濵田樹子 pond inc.
校閲　　　　　　　滄流社
編集　　　　　　　泊出紀子

調理アシスト　　　森田いずみ
　　　　　　　　　名井智子　野寺和花
　　　　　　　　　吉田留合　土肥愛子

衝撃的においしい
ひき肉レシピ

著　者　　中村奈津子
編集人　　泊出紀子
発行人　　殿塚郁夫
発行所　　株式会社主婦と生活社
　　　　　〒104-8357　東京都中央区京橋3-5-7
　　　　　TEL 03-3563-5199(編集部)
　　　　　TEL 03-3563-5121(販売部)
　　　　　TEL 03-3563-5125(生産部)
　　　　　https://www.shufu.co.jp/

製版所　　東京カラーフォト・プロセス株式会社
印刷所　　大日本印刷株式会社
製本所　　株式会社若林製本工場
ISBN 978-4-391-16360-5

落丁・乱丁の場合はお取り替えいたします。お買い求めの書店か、小社生産部までお申し出ください。

Ⓡ本書を無断で複写複製(電子化を含む)することは、著作権法上の例外を除き、禁じられています。
本書をコピーされる場合は、事前に日本複製権センター(JRRC)の許諾を受けてください。
また、本書を代行業者等の第三者に依頼してスキャンやデジタル化をすることは、たとえ個人や家庭内の利用であっても一切認められておりません。
JRRC(https://jrrc.or.jp　eメール：jrrc_info@jrrc.or.jp　tel：03-6809-1281)

©NATSUKO NAKAMURA 2024 Printed in Japan